富士下山ガイド

岩崎 仁

静岡新聞社

富士山の
五合目から、
裾野を進んで
下へ、下へ。

歩みの先には、
まだ見ぬ
景色が
待っている。

FUJI
GEZAN
GUIDE

CONTENTS

富士下山とは？ …… 06
本書の見方 …… 08
装備の基本 …… 10
富士下山の歩き方 …… 13
持ち物リスト …… 14

南麓エリア（富士宮口） …… 15

1 富士宮口五合目～御殿場口新五合目 …… 16
2 富士宮口五合目～水ヶ塚 …… 26
3 宝永山登山 …… 30
4 富士宮口五合目～高鉢駐車場 …… 34
5 高鉢駐車場～中宮八幡堂跡 …… 42
6 高鉢駐車場～西臼塚 …… 46
7 西臼塚 …… 50

コラム
富士山の植物のはなし …… 52
富士山の鳥のはなし …… 54
富士山の石のはなし …… 56

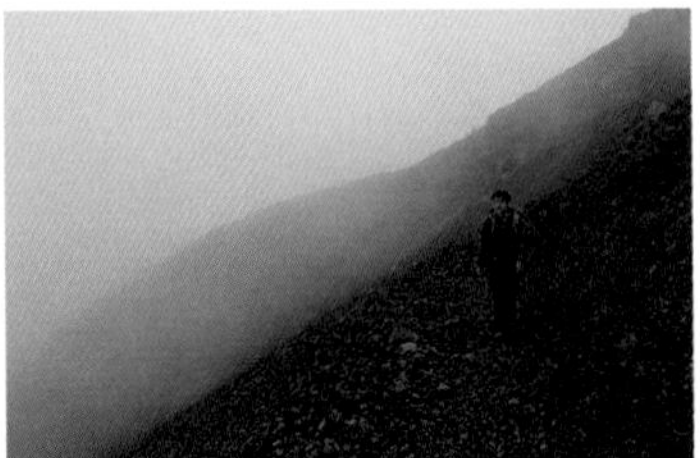

東麓エリア（御殿場口＋須走口）……59

8 御殿場口五合目周遊……60
9 旧須走口登山道……68
10 小富士ミニハイキング……72
11 須山口下山歩道……76
12 腰切塚……80
番外編① 幻の滝……82

北麓エリア（吉田口＋青木ヶ原樹海）……83

13 吉田口登山道 五合目～馬返し……84
14 吉田口五合目～御庭・奥庭……92
15 奥庭～樹海台駐車場……96
16 精進口登山道……100
17 青木ヶ原樹海縦断……104
18 青木ヶ原樹海横断……114
番外編② 富士風穴……119

富士山麓の温泉……122
用語解説……123
あとがき……127

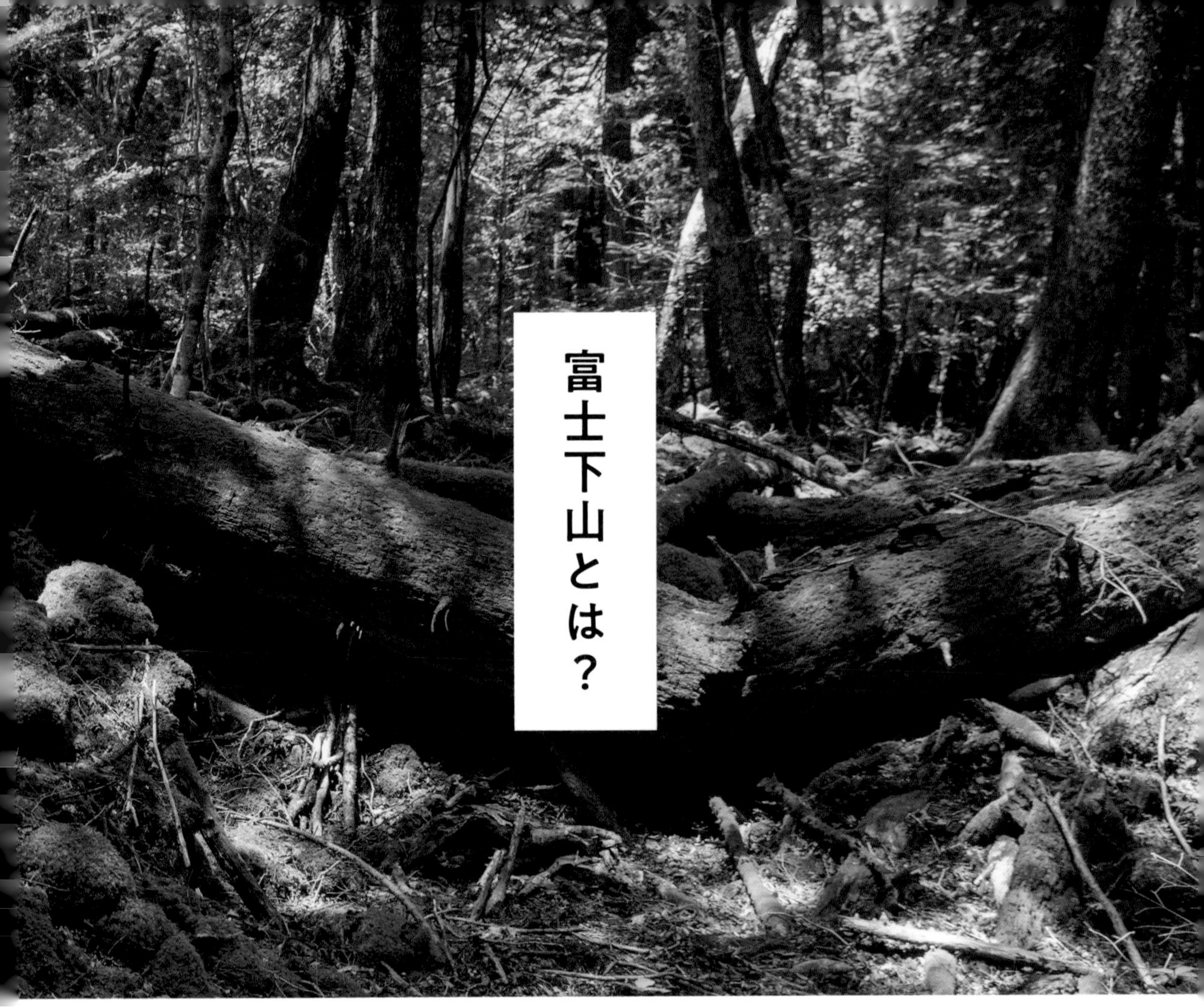

富士下山とは？

「富士山の魅力は、五合目より下にその七割がある」

富士下山の魅力を人に伝える時、私はこの言葉をよく使う。

一般的に「富士山観光」といえば、「富士山に登る」ことを指す。

富士山は言うまでもなく日本で最も高い山であり、その頂上を目指したいと思うのは、ごく自然な感情だ。日本には古の時代から、富士に登ることで功徳を積むという信仰もあった。現に今でも山頂には浅間大社の奥宮があり、ご来光に向かって手を合わせる登山者の姿も多い。

ただ、富士山頂まで登るにはそれなりの体力・時間が必要で、登山シーズンも夏の間と限られている。近年はその人気の高まりから、増えすぎた観光客によるオーバーツーリズムの弊害も指摘されている。こうした問題を解消するためには、まず「富士山は登る山」という固定観念を取り払わなければならない。

私が提案している「富士下山」は、富士山を「下る」ことで新たな魅力を発見するトレッキングツアーだ。富士の登山道というと、岩肌が露出した無機質な光景を思い浮かべ

る人もいるかもしれない。だが、五合目から下には、我々の想像をはるかに超える豊かな自然が広がっている。砂礫地に生きるたくましい植物や、悠久の時を刻む巨木、溶岩を覆い尽くす瑞々しいコケ、そして麓に広がる青木ヶ原樹海や富士五湖。下るごとに次々と見える風景が変わっていくのは、標高差のある富士山ならではの楽しみだ。

また、道中には石仏や神社、朽ち果てた山小屋などが残り、かつて同じ道を歩いた先人たちの営みが感じられる。こうした史跡を巡り、その背景にある信仰の歴史を理解していけば、富士山の自然や文化をどのように次世代へ継承していくべきか、自分なりに考えるきっかけにもなるだろう。

本書は、私が普段案内をしている「富士下山」の行程の中から、特に見どころのあるコースを厳選して収録している。ピークハントを目的としない富士下山は、登山者の体力や年齢などに応じてさまざまなコース設定が可能だ。本書のコースを参考にして、あなたなりの「富士下山」を楽しんでほしい。

本書の見方

距離
コース全体の歩行距離

時間
歩行にかかる時間の目安。休憩時間などは含まれていません

行程
本書は紹介するコースを下記の３種に分類しています。目的地に車で向かう場合、「片道下り」は車２台が必要なのでご注意ください

片道下り…スタートとゴールが異なるコース。先に車をゴール地点に置いてトレッキングを行う
①車２台でゴール地点へ行き、どちらか１台を駐車場に停める
②残りの１台でスタート地点へ向かい、トレッキングを開始する
③ゴールに着いたら駐車場に停めた車に乗り、スタート地点に戻る
④スタート地点に停めた車を回収して解散

折り返し…ゴールに着いたら元来た道を戻ってスタート地点に戻るコース
周遊…スタートとゴールが同じコース

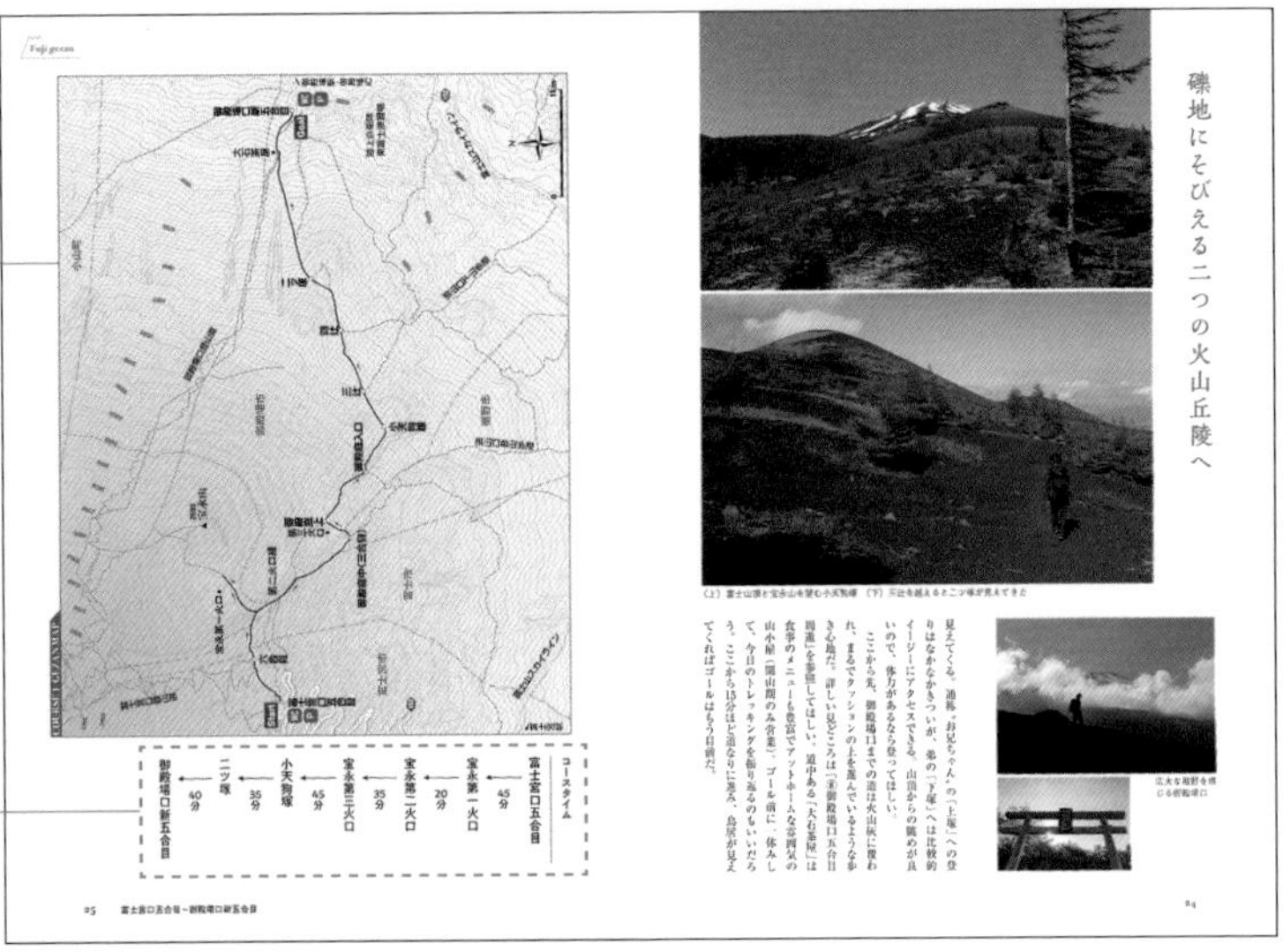

地図
スタートからゴールまでのルートです。コースは自然災害などにより通行止め、変更となる場合があるので、事前に最新の情報を入手してください

アイコン
WC …トイレ
P …駐車場

コースタイム
コース上のチェックポイントとその区間の歩行時間（目安）を記載しています

富士山周辺の主要駐車場

本書で紹介するコースは主に各駐車場をスタート・ゴールに設定しています。一部、バス利用が可能な地点もあるのでアクセスの参考にしてください。

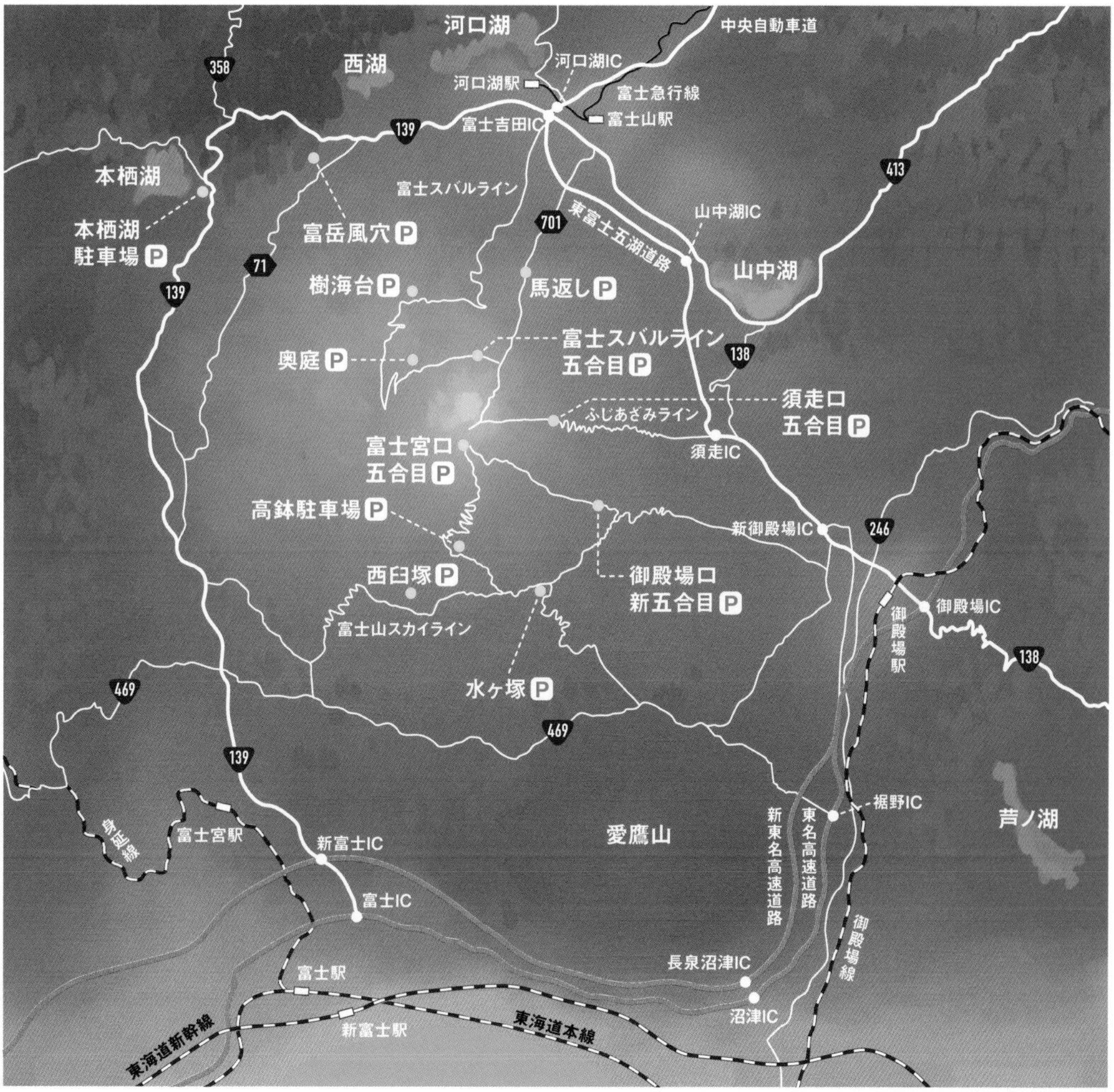

公共交通機関利用の場合

🚌 … 富士山登山シーズンのみ運行のバス
🚌 … 通年バス

富士宮口五合目 🚌
新富士駅・富士宮駅から富士宮口五合目下車

西臼塚 🚌
新富士駅・富士宮駅からグリーンキャンプ場下車、徒歩20分

水ヶ塚 🚌
富士宮駅・御殿場駅から水ヶ塚公園下車

御殿場口新五合目 🚌
御殿場駅から御殿場口新五合目下車

須走口五合目 🚌
御殿場駅から須走口五合目下車

吉田口五合目 🚌
富士山駅から富士スバルライン五合目下車

奥庭 🚌
富士山駅から御庭下車

樹海台 🚌
富士山駅から三合目下車

本栖湖 🚌
新富士駅・河口湖駅から本栖湖下車

富岳風穴 🚌
河口湖駅から風穴下車

※富士山登山シーズンのマイカー規制についてはP14へ

ウェア

山行の状況変化に対応するため、3種の機能が異なるウェアを重ね着するのが基本。歩いていて暑いと感じれば脱ぎ、高度が上がって寒くなってきたと感じれば着るなど、こまめな体温調節を心掛けたい。

装備の基本

本書で紹介する富士下山は春～秋の山行を想定している。安全かつ快適な富士下山を楽しむためにも、着衣や道具の選び方のポイントを押さえておこう。

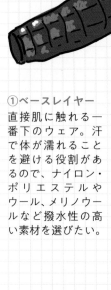

発熱インナーは汗をかきすぎるのでNG
ベースレイヤーの下にメッシュ素材のインナーを着ると速乾性が高まる

①ベースレイヤー
直接肌に触れる一番下のウェア。汗で体が濡れることを避ける役割があるので、ナイロン・ポリエステルやウール、メリノウールなど撥水性の高い素材を選びたい。

②中間着
2枚目の着衣でミドルレイヤーともいう。ベースレイヤーから上がってきた湿気を吸収・発散することが重要なので、フリースなど通気性も備えた素材を選びたい。

③保温着
3枚目の着衣で、サーマルレイヤーとも呼ばれる。フリースやダウンのような保温を目的としたウェアのこと。

レインウェア

レインウェアは天気が良くても必ず携行したい。雨除けだけでなく、風による体温の低下を防ぐのにも役立つからだ。選ぶ際は雨水への耐性を示す「耐水性」と、汗の湿気を逃がす「透湿性」の数値を参考にしよう。

①耐水性
水が生地に浸み込むのを防ぐ性能を示す指標。生地の上に1㎝四方の水が入る筒を立て、その中に水を入れた時に何m分の水圧に耐えられるかを表す。本書のコースを歩く場合、耐水圧10000㎜以上あれば十分だ。

②透湿性
活動中にかいた汗の湿気を、どのぐらい排出できるかを示す指標。人は登山中、1時間当たり1000gの汗をかくといわれる。蒸れないレインウェアの参考数値は10000g以上だが、余裕を持って20000g程度のものを選ぶと安心だ。

トレッキングシューズ

何よりも大事なことは、自分の足にフィットしたものを選ぶこと。合わない靴で長時間歩き続けると、つま先や甲の痛み、かかとの靴擦れなどのトラブルにつながる。ここでは購入の際に気を付けたい４つの点を紹介したい。

ミドルカット
ハイカットに
比べると
安定感は減るが
動きやすい

①一足目はミドルカット

トレッキングシューズは、足首を覆う高さによって、ローカット・ミドルカット・ハイカットの３種類に分けられる。初めてトレッキングシューズを選ぶのであれば、くるぶしが隠れる程度のミドルカットシューズをオススメしたい。足首がある程度固定されるため、ねんざ防止に一役買ってくれる。

②防水素材がオススメ

山では天候が急変することもあるため、防水素材の靴を選ぼう。防水素材にもさまざまな種類があって迷うが、防水性・通気性ともに最も評価が高いのはゴアテックスだ。

③ソール（靴底）は硬めで

段差を上がったり、岩に足を掛けたりすると爪先に大きな負担がかかる。この時、ソールが硬いとあまり力を入れずに安定したステップを保て、疲労防止にもつながる。

④足にフィットするものを選ぶ

同じ26㎝サイズの靴でも、メーカーによって大きさ、フィット感が大きく異なる。店頭で選ぶ際は、自分の足サイズの靴をメーカーごとに履き比べ、0.5㎝大きい、または小さいサイズのものとも比較しよう。インソールで調整できるから、やや大きめのものを選んだ方が失敗は少ない。試着の際は厚手の靴下を持参しよう。

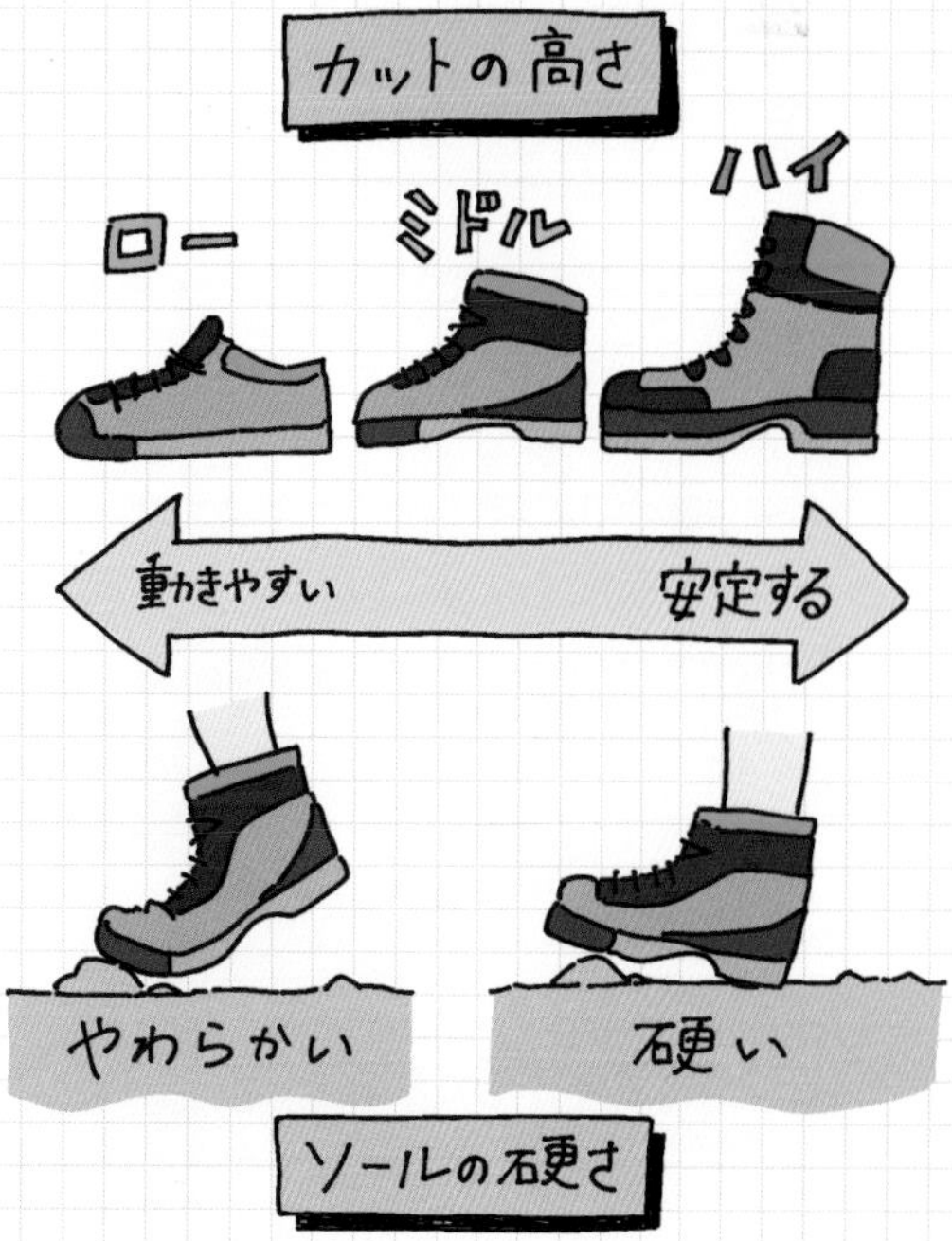

バックパック

山行中に背負い続けることになるので、自分の体にあったものを選ぶのが大切。快適に散策を楽しむためにも「大きさ」と「フィット感」を重視したい。

①大きさ（容量）

本書で紹介しているコースは３～６時間程度の距離なので、日帰りの山行に適した30～40ℓ程度がベスト。基本的な登山アイテムに加え、もしもの時の応急処置セットやエマージェンシーシートが入る程度の余裕が欲しい。

②フィット感

ザックには背中の大きさに合わせてS・M・Lのサイズがあるのでチェックしよう。また、腰ベルト、胸ベルト、肩ベルトの機能があるものを選ぶと、調整することでより自身の体へのフィット感を高めることができる。

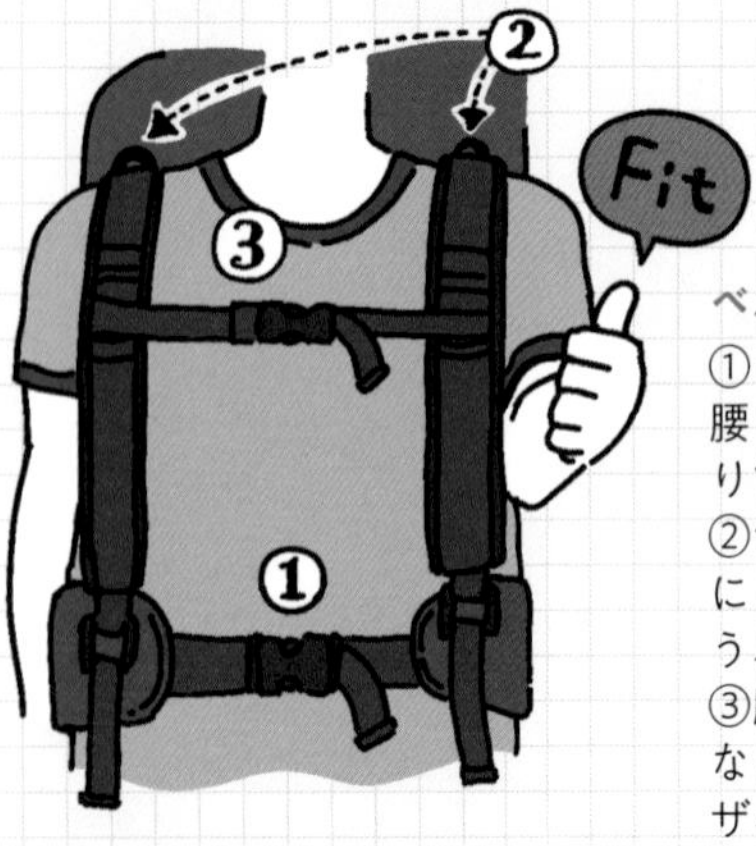

ベルト調節の仕方

①ザックを背負い、腰ベルトを腰骨の辺りで締める。
②ザックが背中・肩にフィットするよう、肩ベルトで調節。
③胸ベルトを水平になるように止めて、ザックを固定する。

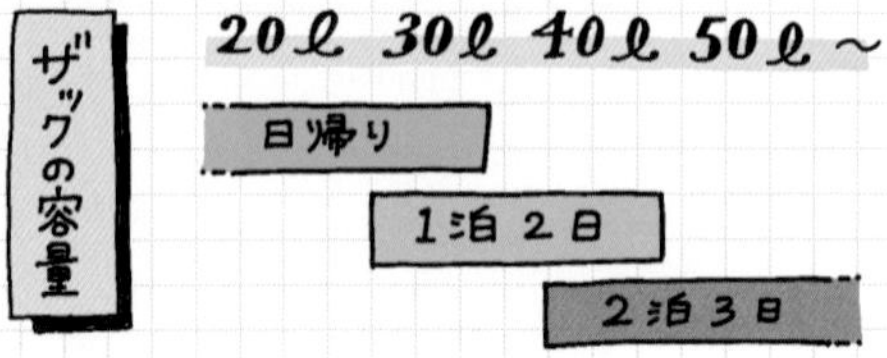

その他の装備

トレッキングポール

歩行の安定感と足腰への負担の分散に役立つアイテム。長さを調節する際は、力が伝わりやすいよう、地面に衝いた時に肘が90度になるようにするのがコツ。必然的に登り時は短め、下り時は長めに調整することになる。ポールの使用は足腰への負担の分散・軽減に役立つ一方、分散先である腕や肩などの上半身への負担は増すため、必ずしも万能ではない。状況に応じて使用しよう。

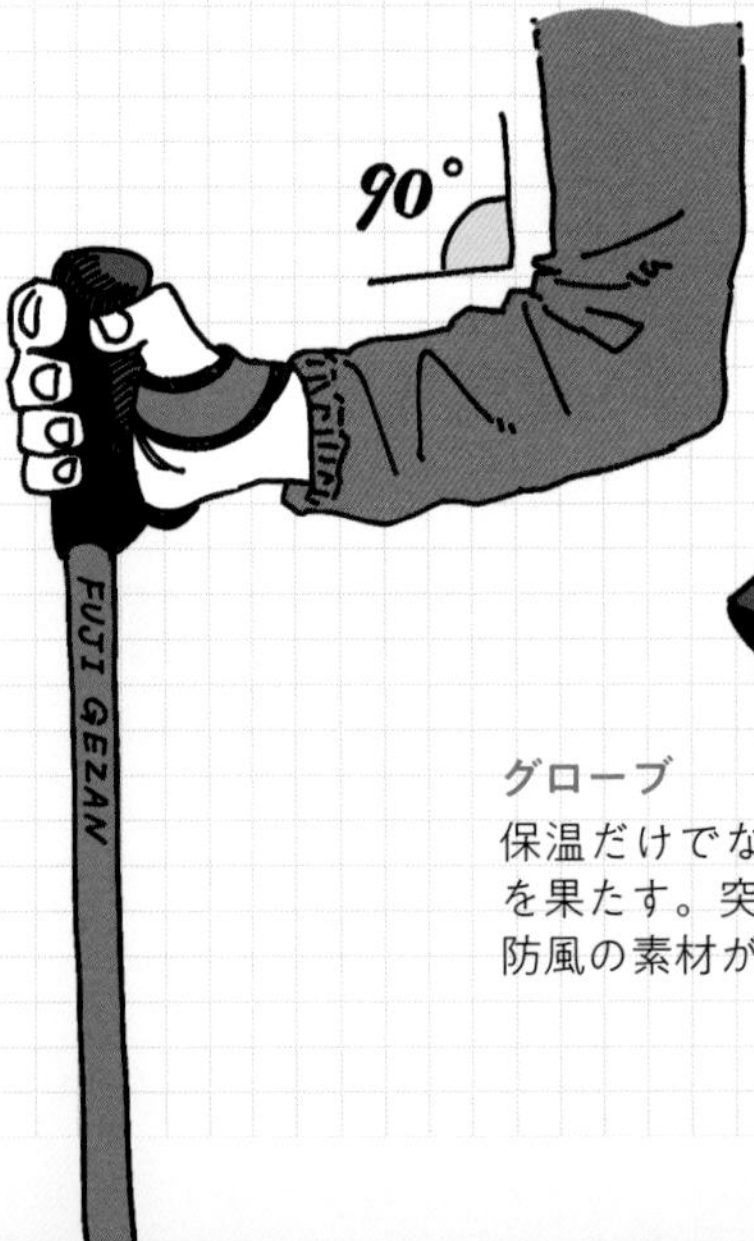

グローブ

保温だけでなく、転倒時の保護にも大きな役割を果たす。突然の雨や冷たい風に備えて、防水・防風の素材がオススメ。

富士下山の歩き方

普段の生活の中で、足の進め方を意識して歩くことはほとんどない。しかし、起伏のある山中では、闇雲に歩くと余計な疲労が溜まったり、足や膝を痛めたり、転倒などの事故につながったりすることがある。快適な富士下山を楽しむために「足の運び方を意識して歩く」ことを心がけたい。

トレッキングポールは体の前でつく
歩幅は小さく
浮き石に注意!

①基本はフラット着地

山行の際は、ソール全体で地面を捉える「フラット着地」で歩くのが基本。普段、私たちはかかとで着地し、その後、徐々につま先側に体重を移動させて前進している。だが、この歩き方だと足と地面が接する面積が少ないため、起伏のある山中では足を滑らせたり、転倒したりするリスクが高い。「フラット着地」は普通の歩き方に比べて歩幅も小さくなるため、体重移動によってバランスを崩す危険も低くなる。歩く際は、土踏まずから着地するようなイメージを持って足を進めるのがコツだ。

②砂礫地ではかかと着地

御殿場口付近の「大砂走り」はやわらかい砂地が延々と続くため、「フラット着地」では足首まで埋まってしまって歩きにくい。そんな時は、あえてかかとからの着地を意識しよう。小さな歩幅のままかかとを砂にめり込ませるように着地することで、結果的に「フラット着地」の状態を作り出すイメージだ。一歩一歩、ブレーキをかけ過ぎずに体重移動を繰り返しながらスムーズに足を進めていくのがポイント。

③足の置き場を考えて進む

斜面を下る時は惰性で下りがちだが、気を抜くと思わぬ事故につながる。特に岩場やガレ場などでは次の一歩をどこに置くのかを考えながら進みたい。また、自身の転倒だけでなく、下にいる登山者のためにも落石を引き起こさないように注意。「浮き石」と呼ばれる、動きそうな石には触れず、安全な足場を常に探しながら足を進めよう。

④トレッキングポールを活用

トレッキングポールを使用する時は、動物のように四肢歩行をするイメージを持って歩きたい。トレッキングポールは自分の「前足」と思って、常に体の前で衝くことを心がけよう。不注意で岩の隙間にポールの先が挟まったり、浮石の上に衝いてしまったりして転倒するケースも多いため、常に安全な足場を探しながら衝いていくようにしよう。

持ち物リスト

□バックパック　□ベースレイヤー　□中間着　□保温着
□トレッキングパンツ　□トレッキングシューズ　□靴下
□レインウェア　□防寒着　□帽子　□グローブ
□トレッキングポール

□水筒（飲み物）　□行動食　□財布
□携帯電話・スマートホン　□モバイルバッテリー
□コンパス　□地図　□ヘッドライト
□タオル　□ゴミ袋　□カイロ　□応急処置セット
□テーピング　□エマージェンシーシート

マイカー規制について

富士登山シーズン（7月上旬～9月上旬）は、渋滞解消のため各登山口でマイカー規制（バスやタクシーは除く）が行われます。規制期間は麓の指定駐車場に車を停め、シャトルバスに乗り換えて登山口へ向かうことになるためご注意ください。規制指定日は年によって変わりますので事前にご確認ください。

富士宮口五合目
指定駐車場：水ヶ塚駐車場
問：静岡県道路企画課　054-221-3359
　　富士宮市観光課　0544-22-1155

吉田口五合目
指定駐車場：富士北麓駐車場
問：山梨県道路公社　富士山有料道路
　　管理事務所　0555-72-5244

須走口五合目
指定駐車場：須走多用途広場
問：小山町商工観光課　0550-76-6114

御殿場口新五合目
なし

本書に記載されている情報は2024年4月現在のものとなります。ルートや施設情報は変更となる場合があります。また、富士山登山シーズン中は各登山口で入場規制が行われたり、事前予約などが必要となったりする場合があります。お出かけの際は最新情報をご確認ください。

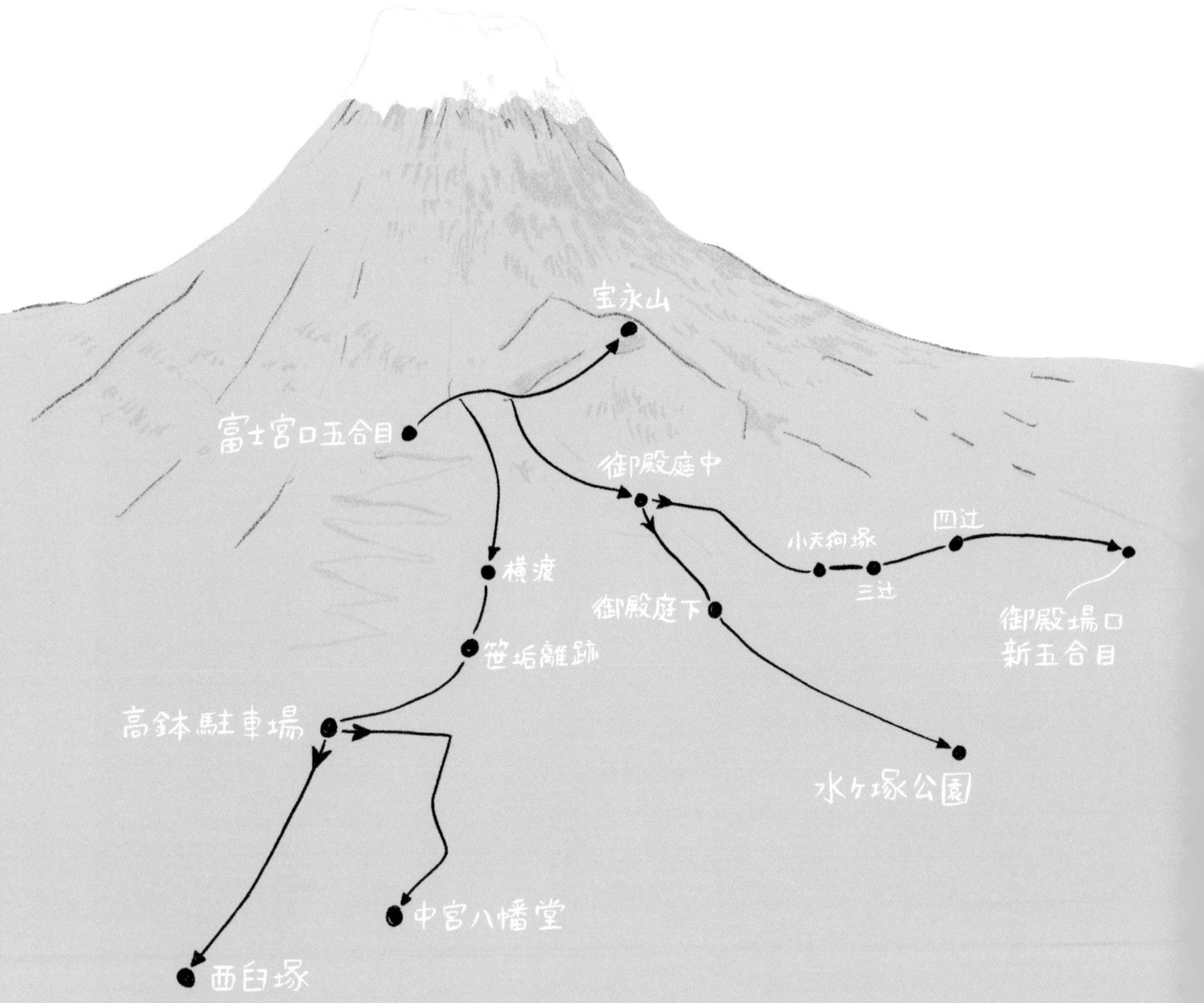

Southern foothills　**PART1**　Fujinomiya Route

南麓エリア

富士宮口

富士宮口五合目～御殿場口新五合目

距離／約９km　時間／約３時間半　行程／片道下り

雄大な火山景観に思わず息を飲む

六合目から宝永火口へ巨大な噴火物が次々と

まずは宝永火口をはじめ、雄大な火山景観が目白押しの王道コースから紹介したい。スタートは標高２４００ｍの富士宮口五合目。ここから標高１４００ｍの御殿場口新五合目へと向かっていく。道中、約１０００ｍもの高さを下っていくわけだが、そもそも同じ五合目なのにどうしてそんなに標高差があるのだろうか。

平安時代末期に始まった富士登山は、富士山信仰の一つの形態として「登拝」と呼ばれ、その道中は神聖度によって大きく3つの区域に分けられていた。登山の起点である神社から馬返し（乗ってきた馬を降りる地点）までを「草山」。そこから天地境とも称された中宮までを「木山」。さらにその上の火山荒廃地は「焼山」と呼ばれ、神の領域として神聖視されたエリアだった。

この「木山」と「焼山」の境目に当たる地点が、現在のおおむね五合目に当たる。御殿場口の新五合目は宝永4年（１７０７）11月23日に発生した宝永大噴火の影響が未だに残っていて、火山荒廃地のエリアが広い。その分、「木山」と「焼山」の境も他の五合目に比べて低い位置にあり、これが１０００ｍもの標高差につながっている。

富士宮口五合目からまずは六合目へ向かう。歩

（上）富士宮口五合目登山道入り口。ここからスタートする
（下）およそ1万～1万5000年前の新富士噴火の溶岩流

直径1200 m、富士山最大の火口「宝永第一火口」

き始めてすぐの登山道は、硬い岩盤に覆われている。約1万5000年〜2万年前にこの地に流れ、降り積もった溶岩が辺り一帯を覆っているのだ。現在の富士山の大部分は玄武岩という火成岩（火山岩）の一種で構成されているが、この時期の溶岩には斜長石《しゃちょうせき》と呼ばれる半透明の白い鉱物がよく見られる。同じ玄武岩であっても、噴出した時の条件によって色や鉱物の割合、質感などに大きな違いが出る。まさに石は地球の記憶である。

しばらく進むと、広い登山道の両脇斜面に青白みがかった巨大岩石が無数に転がっていた。宝永大噴火の際に吹き飛ばされた岩盤のかけらである。噴火当時、富士山には強い西風が吹いていたと考えられており、小さくて軽い噴出物はほとんど火口の東側に飛んでいってしまった。結果、火口の西側にあるこの地には、大きくて重い噴出物だけが残されたというわけだ。

岩盤のかけらは1万〜1万5000年前の新富士溶岩の層と思われる。付近には登山道の整備で削られてむき出しになった2万年前の地層も見え、石好きの私は二つの地層のコントラストにロマンを感じてしまう。

六合目の手前まで来ると、大きくえぐれた谷地形が現れる。実はここも噴火口。谷の西側には分厚い岩盤が切り立っていて、東側には噴出したマグマのしぶきが堆積した丘（スパター丘）が見え

溶岩のしぶきが積み上がったスパター丘

およそ2万年前の噴出物

る。丘の年代は不明だが、山肌が１００ｍほど縦方向に割れ、しぶき状にマグマが噴出したことが分かる。富士山にはこのような側火口が70カ所以上あるという。眼下には裾野一帯に大小さまざまなこぶ状の丘が点在しているが、これらもすべて過去の噴火口で、噴火の可能性がある範囲は市街地にまで及んでいるのがよく分かる。

自然の力が生み出した圧巻の噴火口を巡る

山頂へ向かう登山道の分岐点をそのまま東へトラバースして進むと、大きな谷が目に飛び込んでくる。八合目直下の火口に端を発する雪代の谷である。春先には雪渓が残っていることも多く、時期によってはチェーンスパイクや軽アイゼンを持参することをお勧めする。

道を行くと、稜線越しに赤褐色の巨大な岩がいきなり視界に飛び込んできた。宝永大噴火の際にできた宝永山の赤岩である。山肌に見える一筋の線は登山道だが、そこを歩く登山者は豆粒のように小さい。初めて見る人は想像を超える大きさにスケールギャップを感じるはずだ。

まずは第一火口へ続く道を下ってみよう。富士山の中で最も新しく、最も大きい噴火口である。現在は最大直径が１２００ｍもあり、山頂火口

宝永第二火口から宝永山を望む

【左写真】（上）第一火口縁上部からの巨大な崩落石
（下）第二火口（手前）と第一火口（奥）

の７６０ｍよりもはるかに大きい。できた当時は１０００ｍほどの大きさだったが、度重なる崩落により火口縁の上部が約２００ｍ後退したと考えられている。

その証拠が第一火口の上部に見られる岩脈だ。地下のマグマは山体にできたヒビの隙間をブレード状に上り、地上で冷えて硬く固まる。もろくなった周りの古い岩盤は次第に崩れていくが、新しく固まった溶岩がそのまま残り、屏風状の岩脈を形成する。火口の底に転がる大きな岩は、こうした火口上部からの崩落石である。ぜひ双眼鏡を持参し、岩脈が醸し出す迫力と美しい造形をじっくりと堪能してほしい。

第一火口底に立つと、この火口と宝永山の大きさに圧倒される。噴火活動の最初の爆発から、ほんの数日で巨大な宝永山が出来上がったと考えられており、自然のスケールの大きさを改めて思い知らされる。麓では噴火発生から24時間で約50cm、累積で2mにも及ぶ火山灰が降り積もったという。宝永大噴火は有史以来最大級の噴火であり、江戸の町にまで火山灰が降った。麓にある現在の御殿場市、小山町などの地域が甚大な被害を受けたことはいうまでもない。２０１９年には、小山町の地中から当時の火山灰に埋もれた家屋が発見され大きな話題を呼んだ。

ここに来ると、私はいつも思い出す。以前案内したアメリカ人が口にした「富士山はマウンテンではなく、ヴォルケーノだ」という言葉を。火山としての富士山の魅力を、思う存分、体感してほしい。

第二火口の縁に沿って南側の斜面を下っていくと、カラマツの森林帯に差し掛かる。先ほどまで歩いてきた森林帯では高さ10mほどもあったカラマツだが、ここではわずか数十cmの背丈しかない。一帯は先の噴火によって燃やし尽くされた跡地のため、現在姿が見えるカラマツは下界から徐々に生息域を伸ばしてきた〝新参者〟だ。植物たちは少しでも自分たちの勢力を広げるべく、長い年月をかけて富士を登ってきているのだ。

「富士山は
マウンテンではなく
ヴォルケーノだ」

第二火口底より富士山頂を望む

カラマツの森を抜け、二ツ塚を目指す

元来た道を戻り、第二火口縁を下り、須山口登山歩道を進むとカラマツ、コメツガ、シラビソといった亜高山帯を代表する樹木が立ち並ぶ森に入る。樹高がさほど高くないこの辺りの森は、野鳥たちを間近に見られるスポットだ。春から夏にかけてはルリビタキやメボソムシクイなどのさえずりが響き、心地良く歩くことができる。

御殿庭中の分岐を左に折れ、苔むした森を抜けると宝永火山の第三火口底に出る。私が最も好きな景色の一つが、ここから見上げる富士山だ。正面には第三火口、第一火口越しの富士山頂、右には宝永山の赤岩がそびえる。今は静寂に包まれているが、およそ300年前にはここから大量のマグマが噴き出していた。巨大なすり鉢地形の底に立つと、人間の存在の小ささと、地球の持つ底知れぬ力を感じずにはいられない。

第三火口を横断して御殿庭上の分岐を御殿場口へと下る。足元にはムラサキモメンヅル、イワオウギ、タイツリオウギといったマメ科の植物たちの姿があった。彼らの根には、窒素を地面に固定する根粒菌が共生している。窒素はリンやカリウムと並び、植物の生長に欠かせない栄養素だ。彼らの働きにより豊かな土壌が作られ、他の植物た

シラビソ、カラマツの森を抜ける

セイタカスギゴケのコケ玉

(右) 下草の緑が美しい谷沿いの登山道
(下) 御殿場口五合目方面へ

ちの栄養補給を助けているのだ。

さらに、そんなマメ科の植物の上を行く戦略を持っているのが、周囲に生えているミヤマハンノキという樹木である。この木は初秋になるとまだ緑色の内に、自身の根元に葉を落とす。葉に含まれた窒素は根粒菌によって根元に固定されるが、これが再び樹木の栄養として活用される。栄養価の乏しい富士山で生きるため、独自の循環システムを確立しているのだ。

この先はやや急な下りが続くためスリップによる転倒に注意が必要だ。左手に見える谷を横切ると、再び火山礫地を進むことになる。幾筋かの谷を越えると私のお気に入りの場所の一つ「小天狗塚」にたどり着く。御殿場口五合目周辺は太郎坊と呼ばれ、太郎天狗という大天狗が治めていた場所とされる。旗状に枝を伸ばすカラマツの向こうに宝永山と富士山を望む景色はとても美しい。地形上、霧が発生することも多く、木々の間を天狗が駆け抜けていく姿を想像するとなんとも幻想的な感覚になる。

二ツ塚（双子山）が見えてくると、ゴールまではもう少し。その名の通り、数千年も前の噴火活動でできたとされる二つの火山丘陵が並んでそびえたっている。「四辻」と呼ばれる須山口下山歩道との交差点まで来ると、それぞれの塚の頂上へと続く登山道（といってもトレース程度だが）が

雪代が削り出した谷を横断する

礫地にそびえる二つの火山丘陵へ

（上）富士山頂と宝永山を望む小天狗塚　（下）三辻を越えると二ツ塚が見えてきた

見えてくる。通称〝お兄ちゃん〟の「上塚」への登りはなかなかきついが、弟の「下塚」へは比較的イージーにアクセスできる。山頂からの眺めが良いので、体力があるなら登ってほしい。

ここから先、御殿場口までの道は火山灰に覆われ、まるでクッションの上を進んでいるような歩き心地だ。詳しい見どころは「⑧御殿場口五合目周遊」を参照してほしい。道中ある「大石茶屋」は食事のメニューも豊富でアットホームな雰囲気の山小屋（開山期のみ営業）。ゴール前に一休みして、今日のトレッキングを振り返るのもいいだろう。ここから15分ほど道なりに進み、鳥居が見えてくればゴールはもう目前だ。

広大な裾野を感じる御殿場口

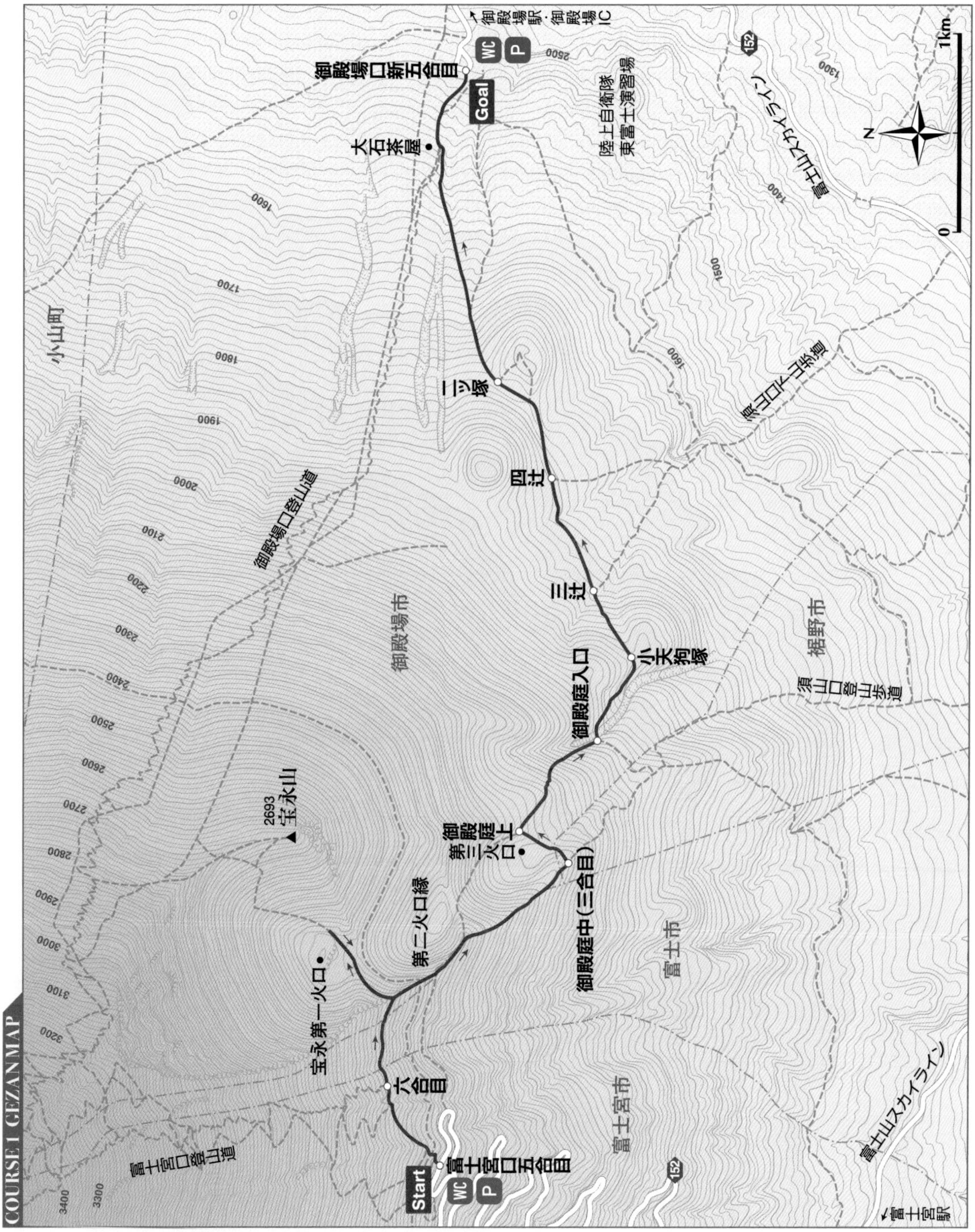

コースタイム

富士宮口五合目
↓ 45分
宝永第一火口
↓ 20分
宝永第二火口
↓ 35分
宝永第三火口
↓ 45分
小天狗塚
↓ 35分
二ツ塚
↓ 40分
御殿場口新五合目

距離／約9km　時間／約3時間　行程／片道下り

自然の変化が楽しい富士南麓を下る

森を抜けると、視界が開ける。眼下には愛鷹山塊

美しいシラビソの純林

カラマツ林から望む雄大な愛鷹山塊

初冬の第三火口

富士宮口からはさまざまな下山ルートがあるが、ここでは水ヶ塚へと向かう道を取り上げたい。7月～9月上旬の登山シーズンには水ヶ塚・富士宮五合目間をシャトルバスが頻繁に運行しているほか、数は少ないものの春や秋もハイキングバスが運行しているので、アクセスのよさがメリットだ。

ルートの前半は「①富士宮口五合目～御殿場口新五合目」と同様のため省略し、「御殿庭中」からの道中を紹介したい。訪れたのは季節外れの11月の降雪に見舞われた翌日。せっかくなので雪の宝永第三火口を眺めに御殿庭中の分岐を左折して寄り道してみた。

森の中にはまだしっかりと雪が残っており、テンの物と思われる足跡が雪面に続いている。富士山の11月は麓の初冬に相当するため、カラマツの黄葉は終わりを迎え、夏の間に大きなパッチを形成していたイタドリも冬支度を済ませていた。火口底にはうっすら雪が積もり、火口の側面には雪の筋が何本も見える。この筋は崩落によって刻まれた溝に雪が溜まったもので、安定している第三火口も小規模ながら今でも崩落が起きていることがうかがえる。広々とした火口底に立つと、やはりこの景色は季節を問わず壮大で、時の流れを忘れさせる力が大地から脊髄を通って大脳に達する感覚を覚える。最高のパワースポットだ。

林内を折り返して須山口登山歩道に戻り、御殿庭中の道標を水ヶ塚方面へ下っていく。勾配は急で、大小さまざま溶岩石が転がっているため注意しながら進みたい。シラビソを中心とした典型的な富士山の亜高山帯の森林は森の香りにあふれ、11月のキリリとした空気も相まって、とても清々しい。

20分ほど下ると突然視界が開け、眼下に悠然とそびえる愛鷹《あしたか》山塊が目に飛び込んでくる。周囲はカラマツ林となっており、落葉した分、この時期は一層視界が良好なのだろう。林床には地衣類ミヤマハナゴケが大きな群落を形成していた。

歩みを進めると、周囲は再び針葉樹の深い森となった。木の根を覆うセイタカスギゴケは、雪解け水を一杯に吸収して冬とは思えないほどの輝きを放っている。しばらくすると、御殿庭下の道標と自然休養林歩道の大きな案内図が見えてきた。ここで現在地の確認と周囲の情報をしっかりインプットしておくと、道に迷った際の大きな指針となる。

この三差路を水ヶ塚駐車場方面に進むと、数分で次の分岐に差し掛かる。左に折れてひたすら進むと、登

（右）雪の水分を吸収し輝くセイタカスギゴケ
（左）地衣類ミヤマハナゴケ

山道は次第に狭くなり、所によってはすれ違いが困難なほどになる。こうした狭い道は積雪時にロストしやすいので、登山者の踏み跡をしっかりと確認しながら進もう。

　登山道は南（右）に大きく湾曲し、勾配が急になると両サイドの森が大きく開ける。周辺の木々がすべてなぎ倒された倒木帯である。雪代などによって運ばれてきた岩石やスコリアが見当たらないため、風倒被害ではないかと推測するがはっきりしたことは分からない。ただ、こうした攪乱《かくらん》の発生は新たな植物たちの侵出の大きなきっかけとなるため、春～夏にどんな風景になるのか楽しみでもある。

（上）一人がやっと通れるほどの細い登山道
（下）なぎ倒された森。自然の力を感じる

MINI COURSE

噴出物に覆われたウラジロモミの林

　倒木帯を過ぎる辺りから、針葉樹中心だった植生はカエデなどの落葉広葉樹が混ざる混交林となる。紅葉の頃はきっと彩り豊かな森歩きが楽しめることだろう。ただし、道は一気に分かりにくくなるので注意したい。登山道と小さな谷が何度も交差するので、足元ばかりに注意していると、道を外れてしまいがちだ。秋冬は落ち葉や積雪もロストの原因になりうるので、「富士山自然休養林歩道」の小さなプレートがルートファインディングの助けになる。

　谷と並行したり、離れたりしながら登山道は続く。ミズナラの落ち葉が道を覆い、足を踏み出すたびにさわさわとした音が心地よい。周囲は次第にウラジロモミの林に変化する。この辺りは「南ガラン塚水ヶ塚噴出物」と「小天狗噴出物」と呼ばれる、ともに２３００年前以降の噴出物で覆われていて、勾配が緩やかになったことで溶岩流が止まった跡が各所に見られる。溶岩流の境目に立つと、数十万年も繰り返された地球の営みがこれだけ大きな山を作り出したことに感動を覚える。今、目の前にある溶岩は、そのほんの表面に過ぎないのだ。

　この先、水ヶ塚までは、痩せたウラジロモミの人工林の間を進む。私が初めてこの道を通った２００１年頃は、周囲の林床が背丈

ゴールの水ヶ塚駐車場から
雄大な富士山を望む

の高い笹で覆われていたが、今ではほとんど見られない。日光を好む笹が、植林されたばかりの背丈の低いモミ林に侵出したものの、やがて林が成長して日当たりが悪くなった結果、消滅したものと思われる。自然は環境の変化に、とても敏感に反応するのだ。

笹がなくなったのは鹿による食害ではないかという声もあるようだが、なんでも彼らのせいにするのは少しかわいそうな気がする。もちろん鹿が増えすぎることで発生する攪乱も、周囲に大きな影響を及ぼすだろう。しかし、こうした状況を生み出したのは人間の経済活動に他ならない。

自然の変化に気付くことは、私たちの暮らしを省みる、いいきっかけになるだろう。ゴールの水ヶ塚から富士山を望みつつ、そんなことをふと思った。

（上）溶岩流の境　（下）ガス孔

COURSE 2 GEZAN MAP

コースタイム

富士宮口五合目
↓ 70分
御殿庭中
↓ 25分
御殿庭下
↓ 50分
一合五勺
↓ 35分
水ヶ塚

距離／約7・5㎞　時間／約3時間　行程／折り返し

第一火口越しに富士山の絶景を見る

ハイカーで賑わう宝永第一火口

富士山最大の側火山その頂上を目指す

富士山の開山期は7月～9月のおよそ2カ月のみ。冬季の閉山期を除く春と秋は、標高2693ｍの宝永山がオフィシャルにたどり着ける富士山の最高地点となる。今回は富士宮口五合目から宝永山の山頂を目指すコースを紹介したい。

まずは六合目まで上り、分岐を宝永火口方面へ直進しよう。道中はカラマツの姿がよく目に留まる。松というと常緑樹というイメージが強いが、カラマツは日本在来の針葉樹の中では唯一、冬に葉を落とす「落葉松」だ。モミジやカエデのように黄葉するため、秋になるとこの辺りは美しい黄金色に染まる。

カラマツは天に向かって伸びず、地を這うように成長するがこれには訳がある。独立峰の富士山は風当たりが強く、冬の五合目は風速20～30ｍもの強風が吹きつける。このような環境では、どんなに堅い樹木でも直立し続けることは不可能だ。そこでカラマツは風にたなびくよう、横に伸びる選択肢を選んだ。この戦略が功を奏し、カラマツは富士の森林

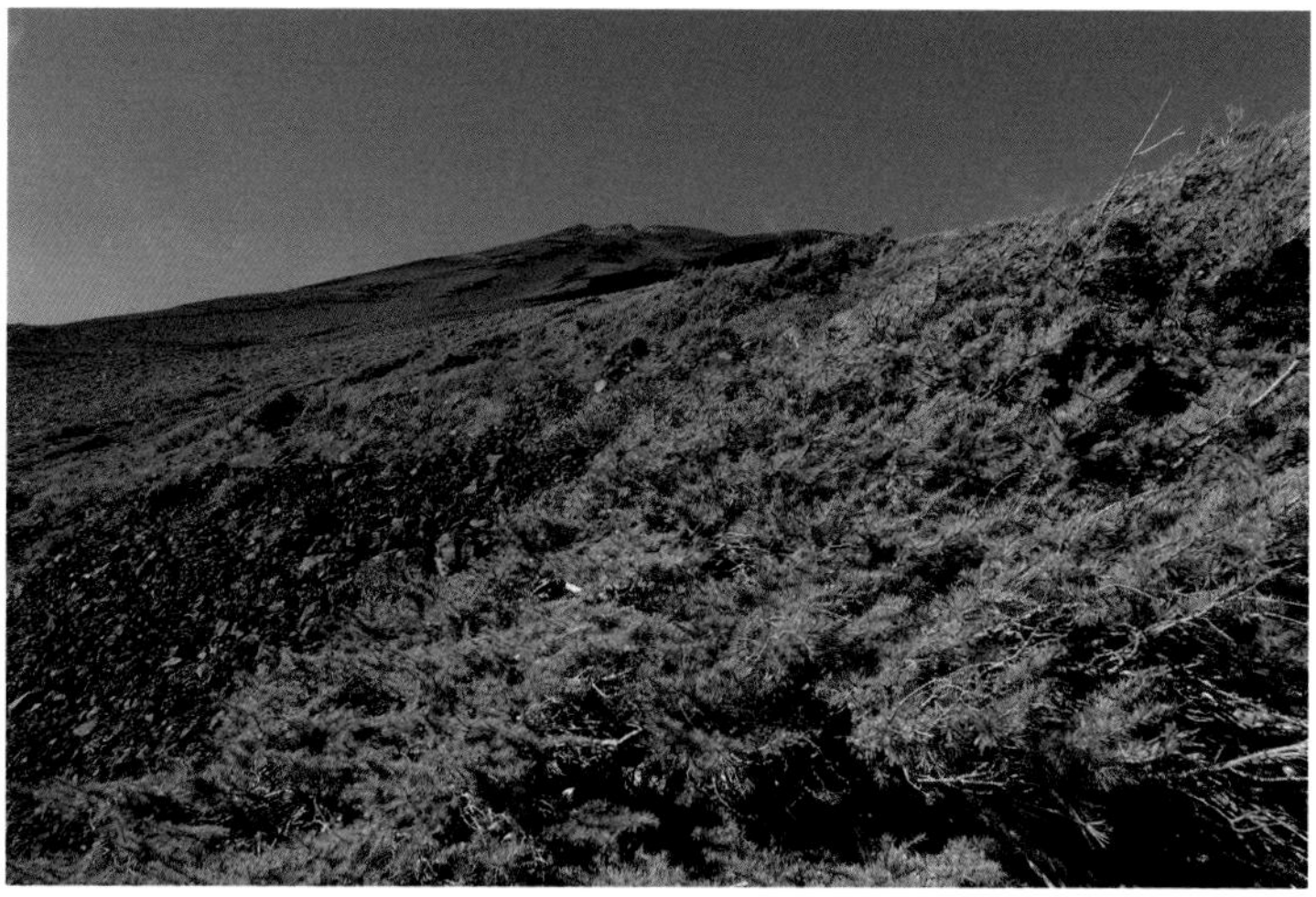

強風に耐え、地面を這うカラマツ

限界地点の最大勢力となったのだ。

ちなみに、日本アルプスなどにはハイマツという松を多く見かけるが、富士山には1本も生息していない。ハイマツは氷河期の生き残りである真正高山植物だが、地球が次第に暖かくなると、涼しい高山へと生息地を移すようになった。しかし、富士山は氷河期の終わりにできた山のため、ハイマツが侵出するタイミングがなく、順応性の高いカラマツが生息範囲を広げることができたのだ。

テーブル状に成長したカラマツの樹形をすり抜けると、富士山の山体を大きくえぐる宝永火口が見えてくる。その奥にそびえるのが宝永山だ。この火口と山の成立過程は「①富士宮口五合目～御殿場口新五合目」に記したのでそちらも参照してほしい。

宝永第二火口縁に沿って第一火口へ向かう。西側の斜面にはイワスゲを中心とした美しい草原が広がっていて、8月にはヤナギランが小群落を作っていた。この辺りの岩場ではカモシカと遭遇することもある。豊富に茂った草を食《は》みにやってくるのだろう。長年、保護対象として守られてきたカモシカはあまり人を恐れることがなく、登山者の前を何事もなかったかのように横切っていくこともある。

第一火口底に降り立つと、その大きさに圧倒される。直径1200m、最上部は八合目辺りまで到達しているのだから無理もない。巨大な火口の光景を眺めながらしばし休憩だ。辺りには大小さまざまな形の火山弾が散在している。火山弾には紡錘状、リボン状、パン皮状など、いろいろな形状があるので注目してみるのも面白い。

噴火の様を今に伝える溶岩石

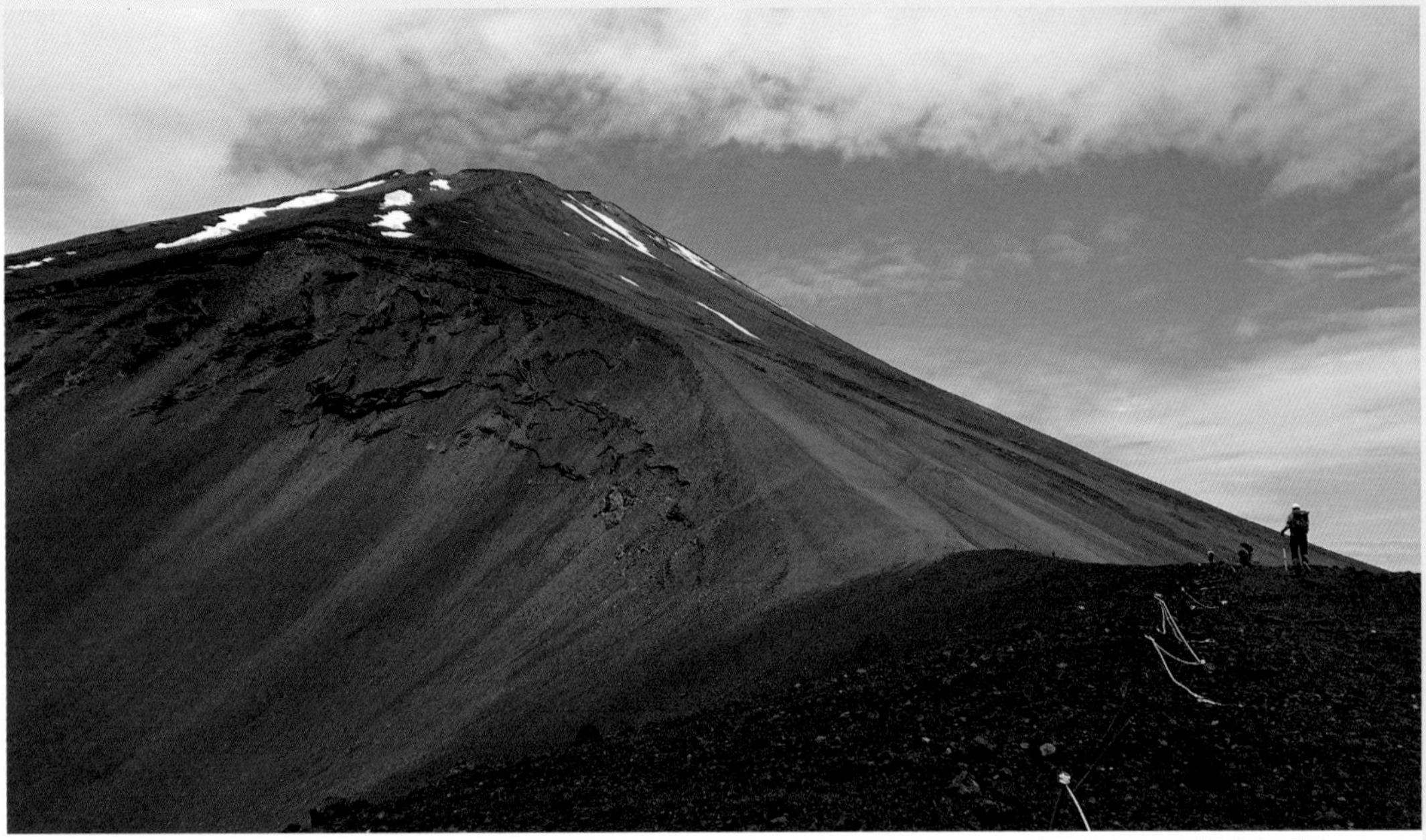

宝永山頂への稜線「馬の背」

斜面を登って「馬の背」へ パノラマ風景を満喫

第一火口を横切り、いよいよ登山開始だ。登り始めはやや大きめな火山礫が足元に多く堆積していて足を取られやすい。少し進むと足元は細かいスコリアとなり、幾分歩きやすくなる。やわらかい砂地の登りは、つま先を突き刺すように足を出していくとしっかりと大地を捉えられて、滑るのを防げる。傾斜は徐々にきつくなってくるので、体力を温存しながらゆっくりと足を進めよう。

＼雲海の大パノラマ／

宝永山頂から眼下に雲海を望む

振り返ると、第一火口の底に赤茶けた小さな火砕丘の背面が見えた。この丘は2週間続いたという宝永噴火の、最後の爆発時にできたものと考えられており、噴火の収束前に火道内に溜まって膨張したガスの爆発跡である。当時の古文書には「16日間焼けて12月9日（1月1日）の朝の七つ時頃（午前4時）大きく一つ鳴った」という記述があり、この爆発によって火砕丘が作られたと考えられる。

最初のコーナーまで来たら、しばし休憩。宝永第一火口は直径1200mもあるが、実は噴火直後は今よりも200mほど直径が小さかったという。周縁部が長年にわたり崩落を繰り返した結果であり、火口の斜面や底に転がる多くの岩々がその歴史を物語っている。

続く第2コーナーから第3コーナーまでが、この登山の山場だろう。勾配も急になり、足元の小さなスコリアが行く手を阻み、まさに三歩進んで二歩下がる状態だ。しっかりと体内に酸素を取り込んで歩みを進めたい。コツとしては、ろうそくの火を吹き消すように「ふーっ」としっかり息を吐き切ること。おなかの力を緩めると自然と吐き切った分だけ空気を体に取り込める。「吸う」ことよりも「吐き切る」ことを意識すると、血中の酸素濃度を上げることができる。

第4コーナーを曲がる頃には、足元がやや硬くなり、歩きやすくなる。数十mで山頂への稜線に出られるので、もうひと頑張りだ。「馬の背」と呼ばれる美しい稜線までたどり着くと、視線の先には広大な火山礫地が広がっていた。今まで目にすることができなかった、御殿場側の景色である。

御殿場方面の裾野は宝永噴火の傷跡を生々しく残しており、宝永山山頂の赤岩に続く黄褐色の地層帯が確認できる。数年前までは大量のスコリアによって覆い隠されていた地層帯だが、昨今の大型台風やゲリラ的な豪雨によって表層が流され、はっきりと見えるようになった。

宝永山の山頂には大きな三角点が設置されていて、「登ってきたぞ!」という達成感を味わえる。眼下には270度のパノラマが広がり、背景には第一火口越しの富士山頂が鎮座する。この絶景が今回の山行のご褒美だ。眼下に広がる雲海を眺めながら、ここで昼食を取るのはまさに至福の時間である。

COURSE 3 GEZAN MAP

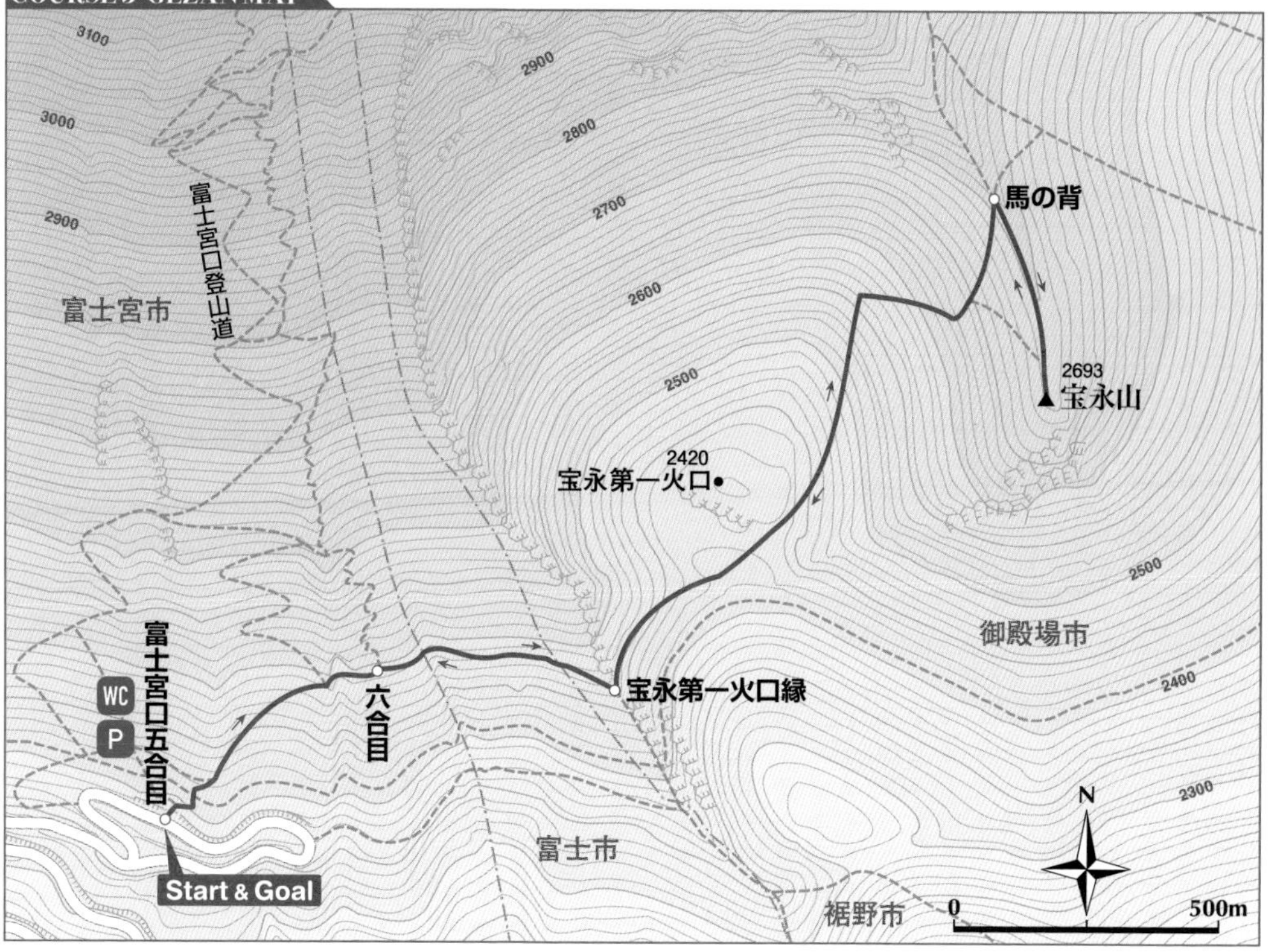

コースタイム

富士宮口五合目
←25分
六合目
←20分
宝永第一火口
←60分
宝永山山頂
←30分
宝永第一火口
←20分
六合目
←15分
富士宮口五合目

4

富士宮口五合目～高鉢駐車場

距離／約6km　時間／約3時間　行程／片道下り

修験者が行き交う祈りの道をたどる

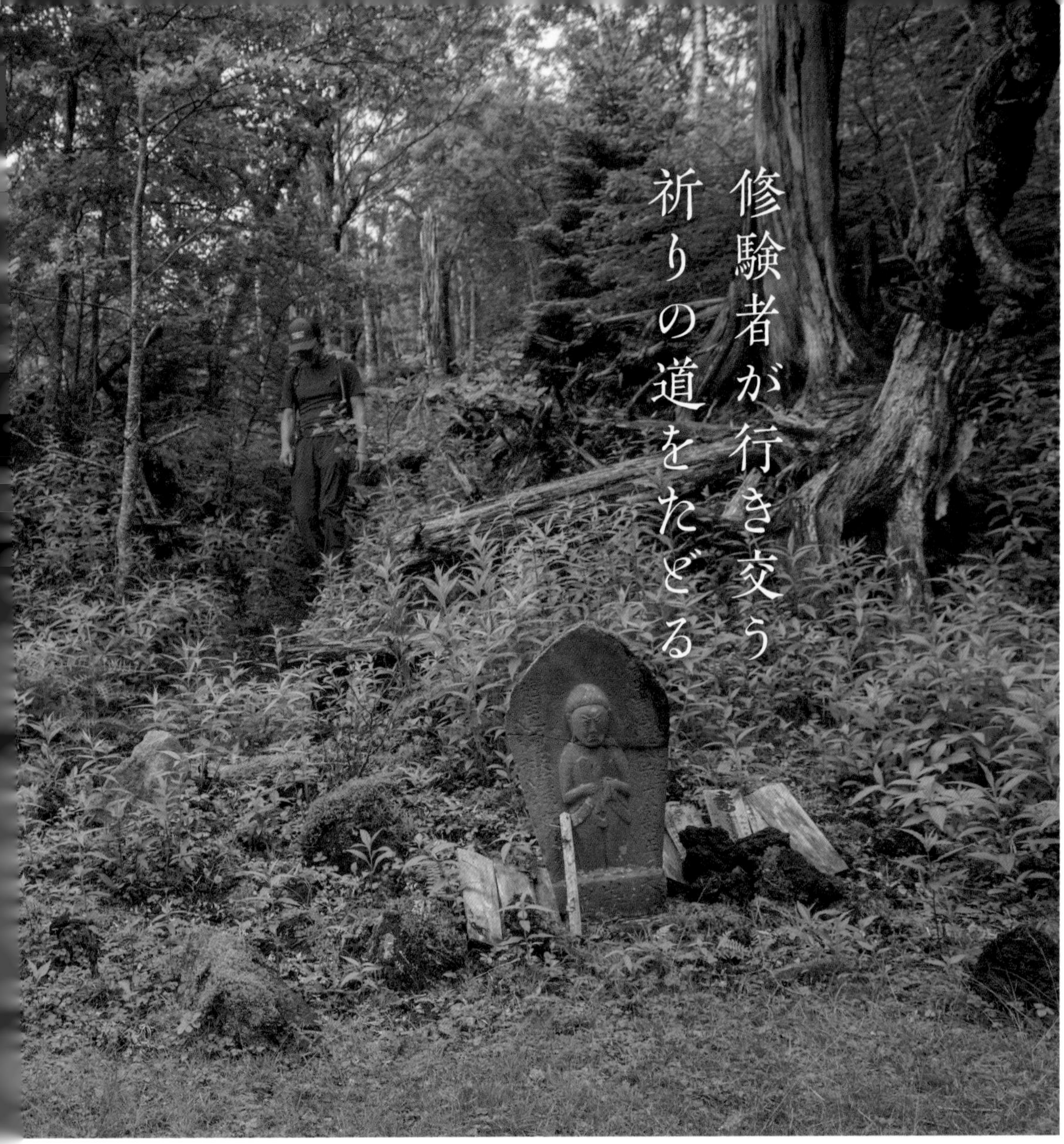

コケモモを愛でつつ小屋跡に思いを馳せる

　富士登山の歴史は、平安時代末期から始まる。それ以前の富士信仰は遠くから富士を眺めて拝む「遥拝」が主流だったが、噴火活動が収束すると、修験者たちが山の中へ足を踏み入れるようになり、登りながら拝む「登拝」の礎が築かれた。中でも富士山修験道の開祖である末代《まつだい》上人は山頂に大日堂を立て、富士に登ること数百回に渡ったという。上人は麓に興法寺（現在の村山浅間神社）を開き、自らは即身仏となり大棟梁権現（高根総鎮守）と号して富士山の守護神になったと伝わる。

　村山浅間神社から富士宮口六合目は「村山口登山道」と呼ばれ、明治の世を迎えるまで修験者たちが行き交う道として栄えた。今回はそんな巡礼の遺構も見られるルートを紹介したい。

　まずは一旦、富士宮口五合目から六合目まで上り、山小屋「雲海荘」へ。この小屋の手前から谷（火口）の左岸へと続く薄いトレースを下っていくと、まもなく森林帯に入る。標高は2500m。森林限界のすぐ下に当たり、カラマツ、ミヤマヤナギ、ミヤマハンノキなどが背丈を低くしたまま環境適応している。この辺りはコケモモも多い。夏には薄桃色の花を、晩秋には小指の爪半分ほどの真っ赤な実をつける植物で、富士

六合目小屋の手前の薄いトレースを下る

（上）六合目付近に分布するコケモモの花　（下）フジハタザオ

今も石仏が残る「笹垢離」

山に暮らす野生動物たちはこの実が熟す季節を待ちわびている。

道を下ると、木々は見る見るうちに背丈を伸ばし、亜高山の森林帯へと姿を変えていく。樹林帯を250mほど行くと、左手側に平場が現れた。通称・村山道三合目の小屋跡だ。明治35年（1902）に撮影された写真によると、小屋は岩室だったらしい。当時は周囲に木々がなかったため、散乱する溶岩石を積み上げて小屋を建てたという。つまり、明治期は今よりも森林限界が200m以上、下にあったのだ。辺りには樹齢数十年～百年程度のシラビソやカラマツに交じり、太く湾曲したダケカンバの姿もある。おそらく当時の厳しい環境を生き抜いてきたのだろう。この約200年の間に、植物たちは200mの富士登山に成功したわけだ。

ここから100mほど下ると、道は宝永遊歩道と交差する。左手にある平場は二合目小屋跡だ。脇を通り抜けて進むと、周囲は次第に鬱蒼としてくる。ここから先はエスケープルートが無いため、充分な計画と準備をしてから臨みたい。

三合目小屋跡

白い木肌が映える五合目付近のダケカンバ

【左写真】（上）シラビソの幼樹の間を細い登山道が続く
（下）一合目小屋跡

曼荼羅に描かれた中宮跡で小休止

木々の隙間を抜けるように、つづら折りを繰り返しながら細い一本道が続く。山岳仏教が衰退して以降、現在ではほとんど利用されなくなった道だ。足元にはカラマツの落ち葉が降り積もり、やわらかな踏み心地が続く。こんなところからも、この道の〝古さ〟を感じられる。

鬱蒼とした森の足元に散在する古い噴石は、長い年月をかけて苔むし、種床となって小さな野生ランを育む。盗掘被害にあってきた野生ランも、ここではひっそりと生命をつないでいることが嬉しい。小さな命の連鎖を優しく見守ることのできる人だけに通っていただきたいと強く思う。

坂をしばらく下ると、いつの間にかシラビソの純林に取り囲まれていた。辺りは亜高山帯の森の香りに満ちていて心地よい。登山道沿いには人工的な平場が点在しているが、これは道が賑わっていた頃の小屋跡だ。「ハマナシ小屋」と呼ばれ、ここを拠点に御殿庭周辺のハマナシ（コケモモ）狩りをする人が利用したという。当時は多くの登山者がこの道を歩き、それぞれの小屋に立ち寄っていたのだろう。

「一ノ木戸」と呼ばれる小屋跡は、折り重なったシラビソの倒木の陰に現れる。10m×20mほどの大きな平場の山側の一辺はきれいに当時の石積みが残り、しっかりとした小屋だったことがうかがえる。それもそのはず、ここは室町時代の絵図「絹本著色富士曼荼羅《まんだら》図」に描かれた浅間神社の中宮祠跡と考えられているのだ。村山浅間神社の別当として登山者の手形の確認や山役銭《やまやくせん》の徴収がされていただけでなく、山岳修験の開祖である役行者像《えんのぎょうじゃぞう》が安置されていた登山道の要所だった。今も足元には毎年10月に行われる修験者の参詣時の木札が何年分も立てかけられており、山岳修験の聖地として富士山が未だ現役であることを教えてくれる。

入口に残る古い鉄瓶や茶碗の欠片などもこの地

（上）一ノ木戸に修験者が置いた木札

（下）古い鉄瓶も残る

一ノ木戸の入り口の石段

の歴史の一部だ。触らず、そっとそのまま後世に残していきたい。かつての人の営みが、自然の営みによって飲み込まれていく様はとても神秘的で、草花に覆われた平場、コケが付着した石積み、朽ち果てた板など、すべてが歴史を今に伝えるエッセンスとなっている。

この先は行く手を阻むかのように無数の倒木が登山道を遮る。先人たちが行った道の手入れにより、今では大分通りやすくなっているものの、倒木の間をくぐったり乗り越えたりとなかなかにアドベンチャラスなトレイルだ。くぐる時には突き出た枝で顔や頭を傷つけぬよう、乗り越える際はその先の足場をしっかり確認しながら慎重に進みたい。

しばらくすると倒木は落ち着き、日沢《にっさわ》と呼ばれる谷を横切る。ここはコースのほぼ中間点。谷からは背後に富士山頂、眼下に駿河湾が望めるので、昼食を取るのもいいだろう。ここはかつて「横渡」という、岩が組み重なってできた天然の橋が両岸をつないでいた。今は崩れて存在しないため、渡るのにやや難儀するが、対岸の道を確認してから足を進めよう。この場所に限らず、山中で谷や沢を越える際は、必ず先の道を確認してから渡ることを心掛けたい。

倒木帯を抜け、「日沢」の谷を越える

豊かな森の中に人の営みが息づく

8月には花と蝶の競演が楽しめる倒木地帯

「笹垢離」に今も残る廃仏毀釈の痕跡

針葉樹の森をしばらく進むと、明るく開放的な空間がにわかに現れる。先の倒木帯同様、台風で広範囲に木々がなぎ倒された一帯である。木が倒れ、強い日差しが林床に差し込むようになった結果、紫外線に弱い植物たちは淘汰され、新たに侵出してきたヒヨドリバナ、キオン、ハコネアザミなどの草花が大群落を形成している。これらは7月下旬から8月中旬にかけて一斉に咲き乱れ、富士山中腹に人知れず広大な花畑を作り出す。白いヒヨドリバナの群落の中に、キオンの黄色とハコネアザミの赤紫が映え、色彩にあふれた空間はまるで楽園のようだ。8月になるとヒヨドリバナの蜜を求めてアサギマダラが飛来し、さらなる色彩を添えてくれる。

アサギマダラは長い距離を移動する蝶として知られ、長いものでは海を越え、2500㎞もの距離を飛んだという記録も残っている。幼虫期に毒草を食べ、体に毒素を蓄える蝶としても有名だ。オスはヒヨドリバナに含まれるピロリジジンアルカロイドという毒成分を摂取することで性成熟し、フェロモンを分泌するようになる。そして、メスの待つ地を目指してさらなる旅に出かけていく。何とも魅惑的な生態である。

笹垢離に立つ不動明王像

（上）廃仏毀釈により首を刎ねられた跡がある
（下）信仰の歴史に思いを馳せる

倒木帯の先には「笹垢離《ささごり》」と呼ばれる場所がある。神仏に祈る際には、よく水で身を清める「水垢離」が行われるが、あいにく富士山は水がない。そこで、かつての修験者たちは、この地で水の代わりに笹を利用して入山した。

道の両脇には5体の石仏がたたずんでいる。しかし、よく見ると首と胴が切り離されていて、中には頭部がないものもある。明治初期に行われた廃仏毀釈《はいぶつきしゃく》の名残だ。明治の世が訪れると、長らく続いた神仏習合の風習は否定され、仏教に関わる多くのものが破壊された。富士山修験道も例外ではなく、山麓に点在する石仏は軒並み大きな被害を受けたという。

この後、谷の左岸に沿って登山道を下ると、高鉢遊歩道との交差点にぶつかる。今回は右折してゴールの高鉢駐車場を目指そう。この辺りは苔むした遊歩道がとても美しい。コウヤノマンネングサ、フジノマンネングサなど、コケ好きに人気の種が見事な群落を作っている。特にフジノマンネングサはやや標高の高い環境を好むため、低地ではなかなかお目にかかれない。

途中、見事な溶岩の滑沢にも出会える。谷地形の上を噴き出したマグマが滑り降りてできた溶岩沢で、噴火当時は真っ赤な溶岩が川のように流れていたはずである。冷えて固まった後は不透水の岩盤となり、窪みに溜まった雨水は鳥や動物たちの貴重な水源となっている。高鉢周辺は水が確保できることや、ミズナラなどの木の実が豊富にあることから、ツキノワグマなどの大型哺乳類にとっても暮らしやすい豊かな自然が残されている。

富士山スカイラインを通過する車の音が聞こえてきたら、間もなくゴール「高鉢駐車場」だ。自然の中に文化の痕跡を見つけ出せる道中は、特別な楽しみにあふれていた。

苔むした高鉢の遊歩道

溶岩沢は滑りやすいので慎重に進む

COURSE 4 GEZANMAP

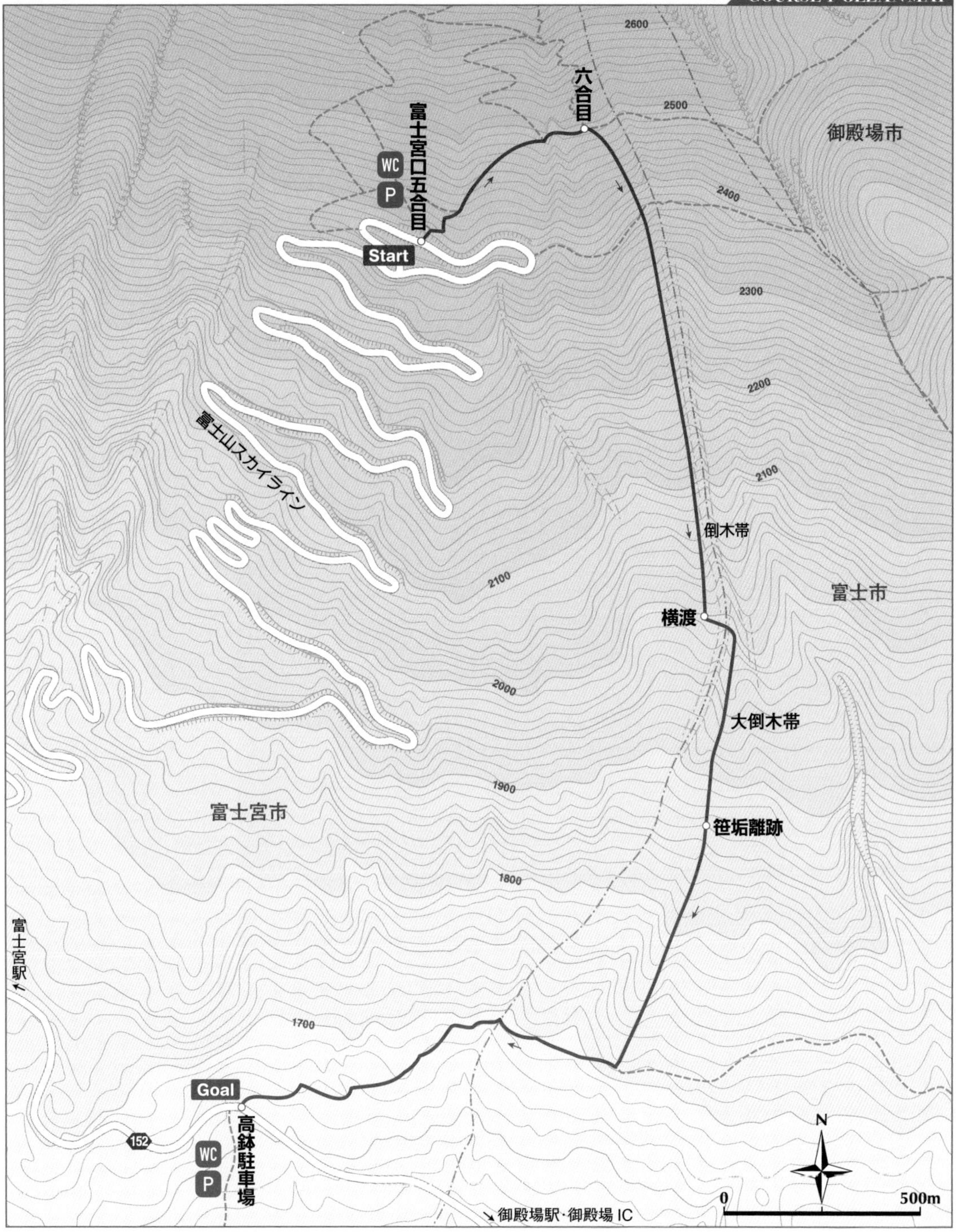

コースタイム

富士宮口五合目 ←25分 六合目 ←65分 横渡 ←25分 笹垢離跡 ←55分 高鉢駐車場

5

高鉢駐車場〜中宮八幡堂跡

距離／約5・5㎞　時間／約2時間10分　行程／片道下り

自然豊かな道に残る信仰の足跡をたどる

朽ち果て、土に還る樹木。通称「ナースログ」

森林を守り続ける風倒木の神秘

今回は高鉢駐車場から富士山修験道の肝要地の一つ「中宮八幡堂跡」を目指す下山ハイクである。「④富士宮口五合目〜高鉢駐車場」の続きとなるコースで、今の世も修験者が行き交う信仰の道だ。

登山道の入り口は、高鉢駐車場から500mほど富士山スカイラインを下ったところにある。やや急な法面から下草に覆われた岩場を下り、その先に続く道を進む。この辺りは標高1600m付近。亜高山帯と山地帯の境界に当たるため、落葉広葉樹と針葉樹が混在する混交林が形成されており、多様性に富んでいる。

林内には倒木が何本もあった。天然林にあるこうした風倒木は、土に還っていく過程でコケやシダなどが活着し、土の乾燥を防ぐ。菌類やバクテリア、多くの昆虫などの棲み処にもなり、これらを餌とする小鳥や小動物、さらにそれらを捕食する中型の肉食獣が集まる環境を作り上げる。このように、倒木は森を看護する役割があることから「ナースロ

背丈ほどもある溶岩の合間を進む

グ」と呼ばれている。自然に無駄なものは無いのだと改めて思う。

背丈ほどの谷の底を進むと、頭上に横たわる倒れかけたイタヤカエデを見つけた。若木のうちに倒れたものの、根が谷の斜面に残っていたため枯れずに生き延びた結果、上を向いた枝が光を求めて幹のように生長している。光合成によってエネルギーを作り出す、植物の生存本能の強さには感動すら覚える。

春、若葉が生えそろったばかりの林内はとても明るい。柔らかな若葉色の中に朱華色《はねずいろ》したアセビの若芽、ミツバツツジの鮮やかな躑躅色《つつじいろ》がアクセントを添えている。

登山道沿いには苔むした溶岩が目立つ。この先の登山道はしばらく溶岩流の際に沿って続く。この辺りは、平安末期に富士山修験者によって開かれてきた富士登山の道ともいわれる。当時は道なき道を登るため、溶岩流の際を一つの目印として登ったと考えられる。

まもなく富士山スカイラインを横断する。溶岩流が流れなかった登山道の右側にはモミの植林が、溶岩流の上には分厚いコケとヒメシャラやミズナラの天然林が広がっていた。ほどなくして、登山道の左手側に四角く組まれた石組みを発見した。ここは西河原とされる場所で、六観音が祀られていた堂室があったと考えられている。

(上)アセビの若葉。紫外線対策のため赤くなる　(下)6月頃のミツバツツジ

苔むした登山道が美しい

溶岩沢の先には神聖な祠と井戸跡が

その後は眩しいほどの黄緑色に覆われたコケの道が延々と続く。オオカサゴケ、フジノマンネングサ、ホンシノブゴケといった美しいコケばかりだ。コケマニアの私はルーペでじっくり観察すると、いつまで経ってもその場を動けなくなってしまう。

登山道は幾度かの蛇行を繰り返し、日沢と呼ばれる溶岩沢にたどり着く。冬から春先にかけて雪代や土砂が頻繁に流れるのか、大きくえぐれた壁面はなかなかの迫力である。

水のない富士山ではコケがスポンジのように地表面に水を貯える

この壁面を気を付けながら登ると「中宮八幡堂跡」に到着する。「中宮馬返し」ともいわれ、登山者はここから先は馬での登山が許されなかった。また、女人結界の地として明治5年（1872）に女人禁制が解かれるまでは女性登山の終点ともなっていた。現地には村山からの社人が常駐しており、厳しく取り締まられていたのであろう。明治35年（1902）に撮影された登山記念写真には社屋や馬小屋、杖小屋などとともに多くの登山者が写っており、当時の賑わいがうかがえる。現在は天保4年（1833）に建てられた石塔や石仏があり、八幡大菩薩が祀られている。

なお、ここから日沢を30mほど登った左岸側には八大竜王と刻まれた石碑と水神の祠、そして井戸の跡が残る。さすがに今は水を得ることはできないが、川のない富士山において多くの登山者の助けになった井戸だったのだろう。しゃがんで祠に手を合わせると、辺りは自ずと厳かな空気に包まれる。

自然豊かな登山道に、忽然と現れる信仰の史跡。時代や楽しみ方は変わっても、富士山は人を引き付ける魅力的な山であることが実感できるコースである。

水神様の祠・八大竜王

溶岩沢を越えると到着

信仰登山の歴史を今に伝える中宮八幡堂跡

コースタイム

高鉢駐車場
↓ 20分
標識
↓ 45分
富士山スカイライン合流地
↓ 20分
中宮八幡堂跡
↓ 45分
西臼塚駐車場

ツクバネソウ

6

高鉢駐車場～西臼塚

距離／約5・5km　時間／約1時間40分　行程／片道下り

巨樹に出会える山地帯の豊かな森へ

乳白色が美しいキノコ「サンゴハリタケ」

道幅の細い遊歩道　秋はキノコの姿も

富士宮口二合目にある高鉢駐車場の周辺には、富士山自然休養林としていくつかの遊歩道が整備されている。ここではその内、西臼塚へと向かう下山道を紹介したい。標高差約400m、全長約5kmのコースだ。

駐車場から富士山スカイラインを横切ると、表富士グリーンキャンプ場へ向かうトレイルの入り口が見える。取材した時は初秋ということもあり、入り口にトリカブトの花が美しく咲いていた。日本三大毒草の一つに数えられる植物だが、富士山で見られるトリカブトは3種類ある。この周辺には、花の柄にまっすぐ毛が生える富士山の固有種、オオサワトリカブトが多いようだ。

道幅は細く、人一人がやっと通れる程度だ。大きなウラジロモミやブナがとても美しい。ほどなくしてシナノキの大木が姿を現した。幹が空洞化した老木ながら、太く立派な枝が天に向かってまっすぐ伸びている。生と

標高1600mにある高鉢駐車場からスタート

ヤマトリカブトの亜種「オオサワトリカブト」

ツキヨタケか？キノコも豊富な豊かな森

木の幹に残されたシカの角研ぎ痕

死が循環する森ならではの姿に、いきなり心を奪われてしまった。

キノコたちとの出会いも、秋の天然林を歩く楽しみの一つだ。この日も多くのキノコが命をつなぐために土から、木から、個性豊かな顔を覗かせていた。キノコは樹木と共生して栄養を与えたり、倒木や落ち葉などを分解して土へ還したりして、森の成長には欠かせない存在だ。〝木の子〟というよりは、むしろ〝木の親〟というべきだろう。

トレイルの脇には泥だまりもあった。水場の少ない富士山ではこうした環境は貴重で、森に暮らす哺乳類たちの大切な「ぬた場」として利用されているようだ。この先、道は斜面をトラバースするように西方向へと向かう。道を挟んで下の斜面にはモミの植林地帯、上の斜面にはブナやカエデの天然林が広がり、コントラストが実に鮮やかだ。

モミの木の中には、幹を鋭い爪でひっかいたような跡がついているものもあった。鹿が角を研いだ跡だろう。「野生動物痕跡学事典」（門崎允昭著・北海道出版企画センター刊）によると、鹿は角の先端を研ぐ場合は比較的太い樹を、角面・分岐部を研ぐ場合は樹径10cm以下の細い樹を選ぶらしい。目の前のモミの木は直径20cm以上ありそうなので、おそらく先端を研いだのだろう。

広葉樹の美しい天然林が広がる

神々しさすら漂う
シナノキの老木

小さな谷を越えると、ブナやカエデの美しい森が広がり始める。思わず目を奪われたのは、直径150cmはあろうかというシナノキの巨樹だ。瘤《こぶ》だらけのごつごつとした幹の内部は、大人二人が入れるほどの巨大な樹洞になっている。幹の隙間から光が差し込むその姿は神々しく、思わず手を合わせて祈りを捧げたくなる。数百年という途方もない時間の中、風雪に耐えながら、自然の移り変わりや人々の往来を見守ってきたのだろう。

小さな涸れ沢を越えると、モミの植林地が続く。500mほど進むと二合目林道と呼ばれる比較的大きな林道にぶつかった。ここを左折し、20mほど先を再度左折してトレイルに復帰する。この辺りは地図に反映されていない林業作業道がいくつも交差するので、道を誤らないように慎重に進みたい。

溶岩が剥き出しの涸れ沢を横切った後も、細いトレイルが続く。真っ赤なホソバテンナンショウの実が緑一色の森に鮮やかな色を添えていた。この先、周囲は再びモミの植林帯

深い森にたたずむシナノキの巨樹

神秘的な光景

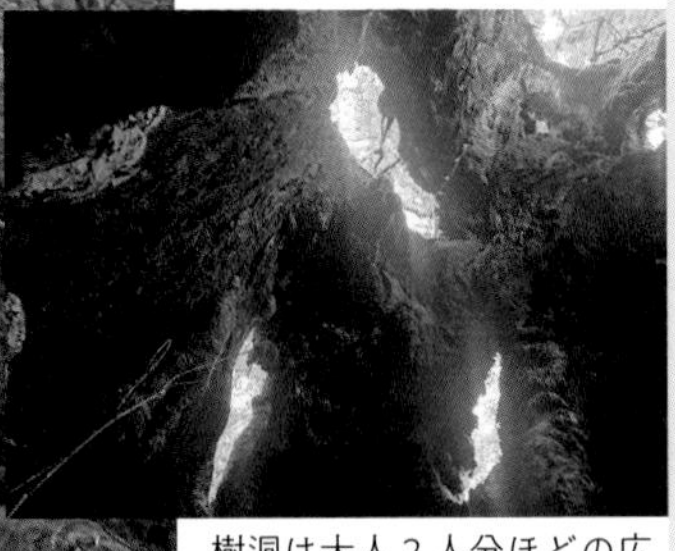

樹洞は大人2人分ほどの広さ（樹木保護のため中には入らないように）

となるが、樹木が整然と並んでいるので、どこが道なのか分かりにくい。まめに前後を確認しつつ、道を見失わないよう慎重に足を進めたい。

植林帯を抜けた頃、ミズナラの老木からたくさんのマスタケ（鱒茸）が生えているのが見えた。鮮やかなサーモンピンクがきれいだ。林床には枯れたバイケイソウの花柄も立ち並んでいる。春から夏にかけては、萌葱《もえぎ》色の大きな葉を広げることだろう。

ほどなくして、西臼塚自然休養林内のナラ広場にたどり着いた。ミズナラの大木を眺めながら、道を左に折れて西臼塚へと向かう。ブナ広場やカエデ広場のシンボルツリーたちを越えていけば、ゴールの西臼塚駐車場はもう間近。富士山の山地帯の森林を思う存分、堪能できる良コースである。

テンナンショウの赤い実

COURSE 6 GEZAN MAP

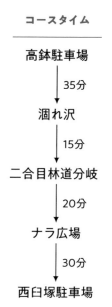

コースタイム

高鉢駐車場
↓ 35分
涸れ沢
↓ 15分
二合目林道分岐
↓ 20分
ナラ広場
↓ 30分
西臼塚駐車場

獣が泥を浴びる「ぬた場」

豊かな森に囲まれた側火山を登る

道中にある
ケヤキの大樹

幹が湾曲した巨大なブナの木も

西臼塚は富士山スカイライン二合目近くにある富士山の側火山だ。道路の北側と南側の2カ所に駐車場があるが、今回は北側に車を停めてスタートした。遊歩道の入口には「クマ出没」の看板が立っている。少しどきっとするが、辺りにはミズナラやブナなどの堅果を付ける木々が多く、木の実を食する哺乳類も多く暮らす豊かな森であるともいえる。

訪れたのは5月で、まさに新緑の季節。遊歩道沿いにはさまざまな草花が生い茂っている。ツルシロカネソウ、ホウチャクソウ、ニリンソウなどに紛れて、ひっそりと咲く花も見つけた。ヤマトグサだ。花弁が無く、たくさんの雄しべが細い糸のように垂れ下がっている。花弁のように見える部分は、蕾が開いた時に外側にくるくると巻かれたものだ。一つの株に雄花と雌花が別々に咲き、雌花はほとんど目立たない。露出した雄しべが風にゆらゆらと揺れ、花粉を飛ばすことで受粉する風媒花である。

道を進んでいくと、まもなく両サイドがモ

倒木を分解するキノコ。やがて土に還る

＼ルーペでのぞいてみよう／

植物学者・牧野富太郎が発見し、日本で最初に新種登録されたヤマトグサ

ミの植林帯に変わる。林内に放置された倒木がモフモフとしたコケに覆われていた。コケの中で個人的に好きなのは、繊細な葉先と弾力性に富んだ「ホンシノブゴケ」。丸太に隙間なくびっしりと活着したコケの塊を見ると抱き枕にしたくなる。

しばらくするとカエデ広場にたどり着く。広場の名とは異なり、ここのシンボルツリーはなぜかブナである。樹齢200年はあるかと思われるこの大樹は、幹が途中で大きく湾曲している。生長過程の早い段階で一度折れ曲がったものの、維管束が完全に切断されなかったためにそのまま生き続けたのだろう。倒れた幹の途中から伸びた枝が光を求め、天に向かって成長したものと思われる。

西臼塚はおよそ3000～4500年前の噴火によって形成された火砕丘と考えられている。丘に向かって階段を登っていくと、途中、ヤマシャクヤクの大きな白い花が咲いていた。3分程登れば山頂に到着。頂上に立つと、きれいなすり鉢地形の火口が目に飛び込んできた。

火口の底へと降り立ち、目を閉じてみる。数千年前、この場所から大量のマグマが噴き出していたと思うと、足元から血が上昇してくるような気がして、地球と一体になったような感覚になる。

火口北側の斜面に登ると、正面に富士山頂も望めた。火口周辺には多くのミツマタが生えており、4月には球状のかわいらしい黄色い集合花を付ける。満開のミツマタ越しに、初春の富士を眺めるのもいいだろう。

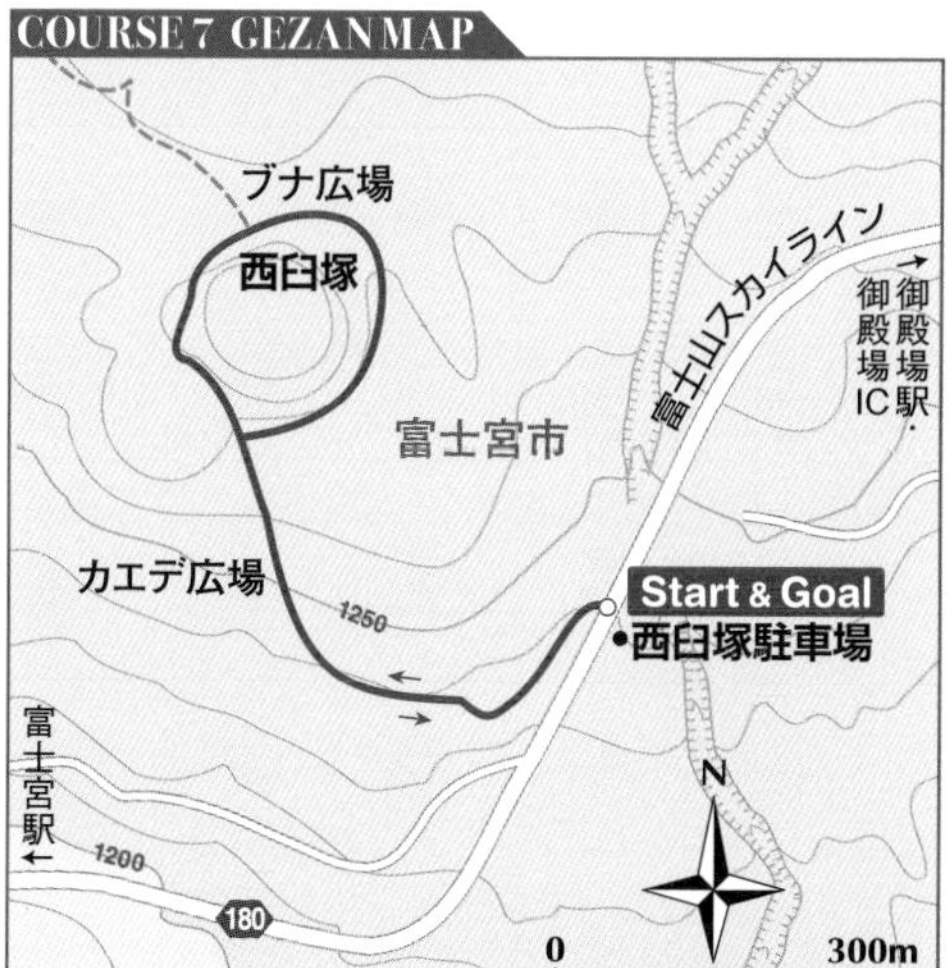

コースタイム

西臼塚駐車場
↓ 20分
山頂
↓ 15分
西臼塚駐車場

MINI COURSE

富士山の植物のはなし

Story of Plants at Mt.Fuji

砂礫地に根を張るフジアザミ

頂上付近まで侵出している地衣類やコケ類

雪の重みで湾曲するダケカンバ

強風で樹形が変わるカラマツ

標高差が生み出す植生の違い

独立峰である富士山は周囲の自然からの影響を受けにくいため、高さによる植生の違いがとても分かりやすい。ミズナラ・ブナ・カエデを中心とした山地帯、ウラジロモミ・コメツガ・シラビソを中心とした亜高山帯下部〜中部、カラマツ・ミヤマヤナギ・ダケカンバを中心とした亜高山帯上部、オンタデ・イタドリの生える高山帯、頂上周辺にはコケや地衣類といったように、それぞれの環境条件にあった植物たちが暮らしている。このような標高差による棲み分けを「垂直分布」と呼ぶ。

富士山は垂直分布に加え、植物の遷移を我々に分かりやすく見せてくれる。噴火によってリセットされた大地に、地衣やコケ、草本類が生えては枯れ、やがて土壌が形成される。そこにカラマツやダケカンバといった強い光を好む陽樹が侵出してくる。陽樹が生い茂ると、日陰によって若木の育ちが悪くなり、代わって日陰を好む陰樹のシラビソやコメツガが育ち始める。やがて陰樹と陽樹の混ざり合った混交林へと遷移は進み、最後は陰樹だけの森になる。

こうしてできた最終系の森が「極相林」である。富士山の亜高山帯に発達した見事なシラビソやコメツガの極相林は、その一例だ。本来、何百年という歳月をかけて出来上がっていく極相林だが、富士山を下ることでまるで何倍速もの映像を見るかのようにその遷移が楽しめる。

厳しい環境に適応する知恵

ただ、富士山の環境は過酷だ。強い紫外線、強風、厳寒、貧栄養、極端な乾燥、不安定な砂礫の地面など、植物が暮らす環境としてはまさに極限といえる。なぜ植物たちは富士山に侵出するのだろうか。

理由はシンプルで、この環境に適応しさえすれば、広大な大地を独占できる可能性があるからだ。太く強固な根で不安定な砂礫地に踏み留まるオンタデやフジアザミ。根粒菌と共生し、窒素を固定することで貧栄養に立ち向かうムラサキモメンヅルやイワオウギなどのマメ科植物。強風に耐えて大地を這うように成長するカラマツ。大きく湾曲することで急斜面の雪の重さを受け流すダケカンバ。砂礫の移動を利用して自ら安定地を探すフジハタザオ。富士山で繁栄しているすべての種は、この地で生き延びる術を身に付けた、選ばれし成功者なのである。

富士下山は、こうした植物たちの生き様を観察するのに最適な歩き方だ。富士山の五合目より下には多くの登山道が存在する。五合目へのアクセス道路が整備される以前は登山者で賑わっていた道も、今はすれ違う人もまばらだ。森林限界から極相林まで、植物の垂直分布や森の遷移の過程をゆったり、のんびり観察しながら少しアカデミックな山歩きを楽しんでみてはいかがだろうか。

富士山ならではの標高差が多様な自然を生み出している

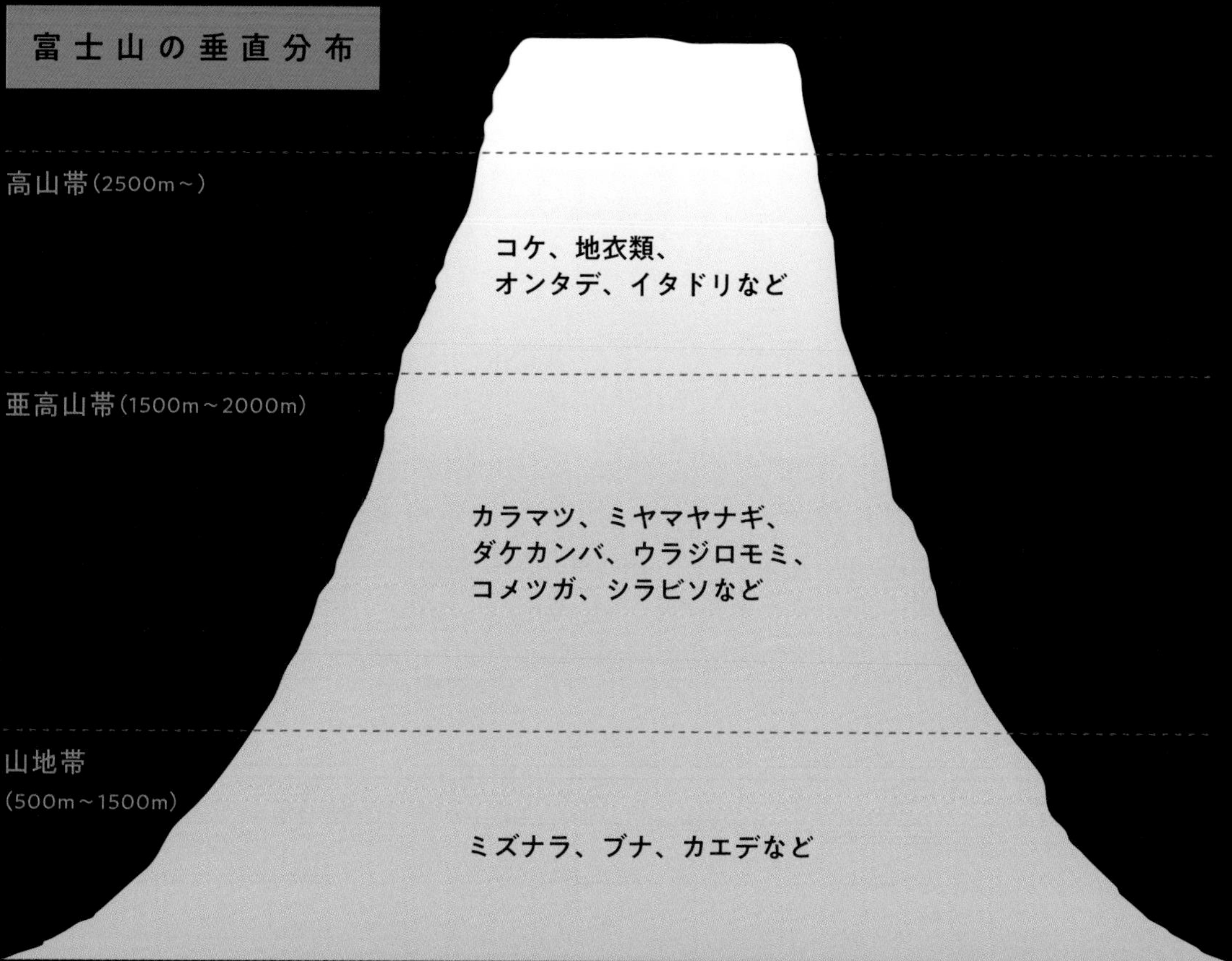

富士山の鳥のはなし

Story of Birds at Mt.Fuji

約190種の季節の鳥たち

富士山にはたくさんの野鳥が暮らしている。その数は、実に190種にも及ぶという。これは日本で確認されている鳥類のおよそ35%に相当する。なぜ一つの山にこれほど多くの種類の鳥が集まるのか。その理由を考えてみたい。

日本は四季がはっきりとした国だ。この明確な季節の変化が、渡り鳥の暮らしに好都合であることは間違いない。そもそも日本には、さまざまなライフスタイルを持つ鳥が暮らしている。通年を日本で暮らす「留鳥」をはじめ、春から夏にかけて東南アジアなどから飛来する「夏鳥」や、秋から冬にかけてシベリアやアラスカなどから飛来する「冬鳥」。ほかにも、北極圏からオセアニアまでの移動中に一時的に日本に立ち寄る「旅鳥」、悪天候などの特殊な事情でたまたま日本に飛来してしまう「迷鳥」などがいる。

留鳥以外の渡り鳥は、それぞれの事情があり日本へとやってくる。春は子育てのエサとなる高タンパクな芋虫を求めて。冬は雪に覆われる北方を離れ、少しでも暮らしやすい環境を探して。また、旅鳥は8000kmもの長い距離の渡りを行うため、往復時の中継地として春と秋に日本にやってくる。日本は小さな国土ながら、北国と南国の中間に位置するため、多くの種類の鳥を見ることができるのだ。

富士山で見てほしい鳥たち

ルリビタキ

メボソムシクイ

◆亜高山帯

ルリビタキ（留鳥／漂鳥）：夏は亜高山、冬は低地に暮らす漂鳥

メボソムシクイ（夏鳥）：富士山の亜高山帯を代表する夏鳥

アマツバメ

イワヒバリ

◆森林限界付近

イワヒバリ（留鳥）：群れ内で一妻多夫、多妻多夫制の繁殖形態をとる

アマツバメ（夏鳥）：飛翔のスペシャリスト。交尾も空中で行う。富士山の断崖で繁殖

高低差と噴火が作る多様性

こうした背景を踏まえた上で、富士山にある「2つの多様性」に注目したい。

一つは、標高差が作り出す自然の多様性だ。裾野に広がる広大な草地、落葉広葉樹が生い茂る山地帯、針葉樹が極相林をなす亜高山帯、植物の極限の世界でもある高山帯。鳥たちはこうしたさまざまな自然の中から、自分が好む環境を選んで生息している。日本一高い富士山の高低差が、多様な自然環境を作り出した結果、多くの種類の鳥が集まるようになったといえるだろう。

もう一つは、噴火が作り出した自然の多様性だ。富士山は5600年の間に、およそ180回もの噴火を経験している。噴火の被害を受けた周囲の自然環境はその度に荒廃し、再び長い年月をかけて回復していく。噴火の影響を受けた年代の違いによって、自然環境の回復状況も異なる。すでに森林を形成しているエリアもあれば、未だ火山荒廃地のままのエリアもあるのだ。

さらに、噴火のタイプの違いも、多様な自然環境を作り出す要因となっている。大量の溶岩流に焼き尽くされた厚い岩盤の大地と、火山灰（スコリア）で埋め尽くされた砂の大地では、自然環境の回復速度に大きな差が生じる。溶岩と砂礫で形成された水はけのよい大地は、大量の地下水を生み出し、山麓に多くの湧水地や湖沼群を形成する。

このような富士山の特性が、多様な鳥類を呼び込む大きな要因となっている。富士山麓でバードウォッチングを楽しむ際は、周辺の自然環境にもぜひ注目してほしい。

ミコアイサ

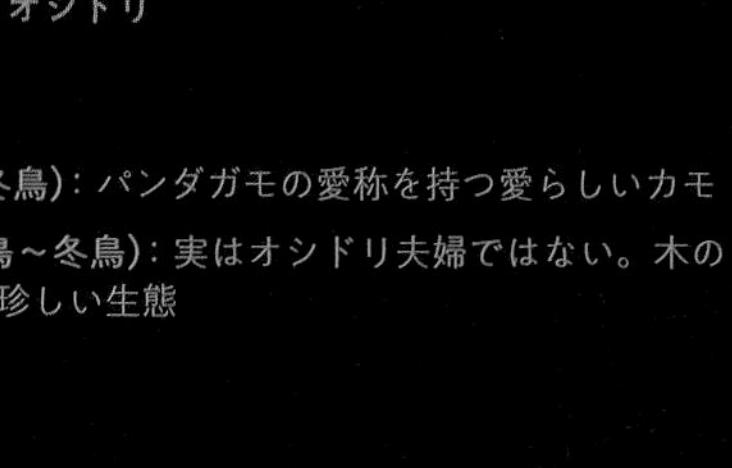
オシドリ

◆水辺

ミコアイサ（冬鳥）：パンダガモの愛称を持つ愛らしいカモ

オシドリ（漂鳥～冬鳥）：実はオシドリ夫婦ではない。木の洞で繁殖する珍しい生態

キビタキ

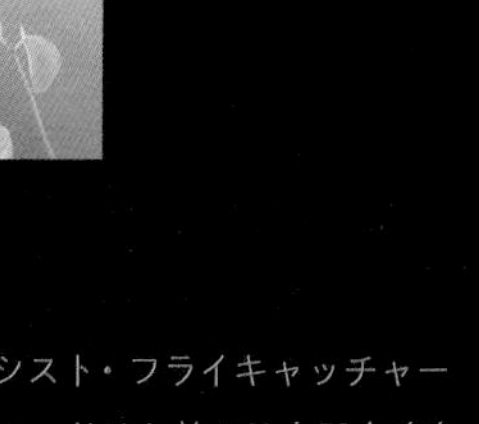
キクイタダキ

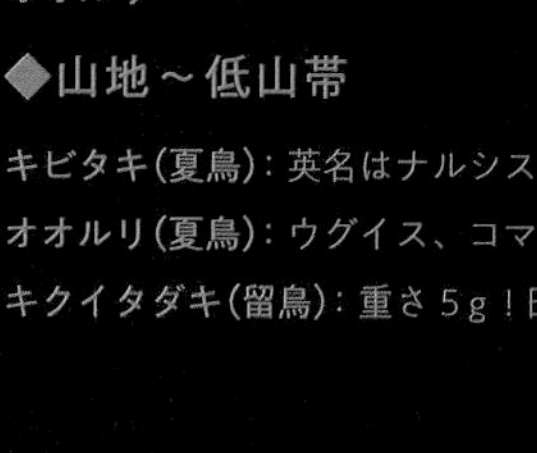
オオルリ

◆山地～低山帯

キビタキ（夏鳥）：英名はナルシスト・フライキャッチャー

オオルリ（夏鳥）：ウグイス、コマドリと並ぶ日本三大鳴鳥

キクイタダキ（留鳥）：重さ5g！日本最小の鳥

富士山の石のはなし

ルーペの先に広がる美しい世界

　突然だが「富士山の地面の色は？」と聞かれたら何と答えるだろう。富士山を遠くから眺めている人は「青」をイメージするかもしれない。だが、実際に富士山に登ったことがある人は「黒」と答えるのではないだろうか。一見、優美に見える富士山も、五合目から上は玄武岩が露出した無機質な世界が広がっている。

　玄武岩は噴火によって噴出したマグマが固まってできた岩石だ。富士山は火山の下にある「マグマだまり」が深い位置にあり、安定的に温度が高く保たれるため、玄武岩を噴出しやすいと考えられている。

　一般的に、マグマが冷えて固まった岩石は「火成岩」と呼ばれる。この内、噴出などにより地表面近くで急速に冷えてできたものを「火山岩」、噴出せずに地中の深い場所でゆっくり冷えてできたものを「深成岩」という。

　玄武岩は「火山岩」の一種で、灰色から黒みがかった色をしている。だが、よく見ると、きらきらと光る透明な石や、黒光りした粒など、噴火の条件によってさまざまな混合物が含まれていることが分かる。私が好きなのは、黄緑色に輝くカンラン石。大きく結晶化したものはペリドットと呼ばれ、8月の誕生石としても有名だ。玄武岩においては、これらの小さな石が大

玄武岩①

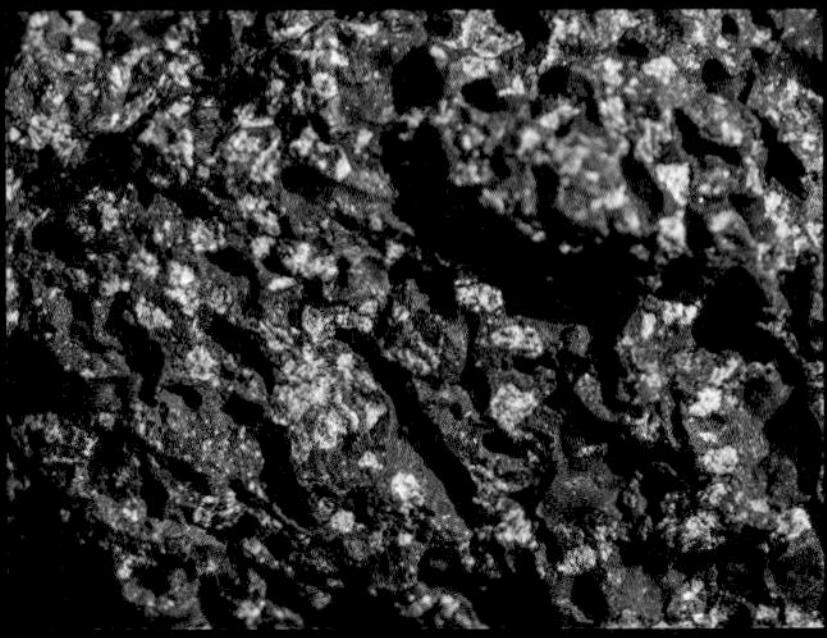

玄武岩②

玄武岩②

いずれも玄武岩の拡大写真。噴火の条件によってまったく異なる表情を見せる

Story of Stones at Mt.Fuji

きく結晶化することはないものの、たまに巨斑晶というやや大きめの塊になっていることもある。ルーペでのぞくと、宝石の原石そのもののように見えるので、見つけたらぜひ観察してほしい。

宝永火口で〝地球の記憶〟探し

石好きの人に特にオススメしたい富士山のスポットは「宝永火口」だ。1707年の噴火でできた新しい火口で、周辺には当時の痕跡がまだ生々しく残っているため、珍しい石にもよく出会える。その代表は「安山岩」。富士山の前身である先小御岳・小御岳は安山岩を多く含む火山体だったため、宝永噴火の際、地下十数km下から上昇したマグマが、これらの地層を貫き、地中深くにあった安山岩とともに地表に噴出したと考えられる。足元に転がっている石が、はるか二十数万年前にできたものだと考えると、なんともロマンを感じる。

もう一つ、私の好きな岩は「斑レイ岩」。マグマだまりの周辺や火道（マグマが上昇してくる道）に残ったマグマがゆっくり固まってできた岩石が、宝永噴火の際に地上に運び込まれたものだ。半透明の白い斜長石や黒や濃緑の輝石、カンラン石がキラキラと輝いていて、とても美しい。

石の一つ一つには、できた時代や場所の地球磁場の情報が記録されているため、それらを分析することで、噴火をはじめとする富士山の謎を解き明かすことができるという。まさに石は地球の記憶といえるだろう。富士山を歩く際は、地面に散らばる石にもぜひ注目してほしい。

安山岩

斑レイ岩

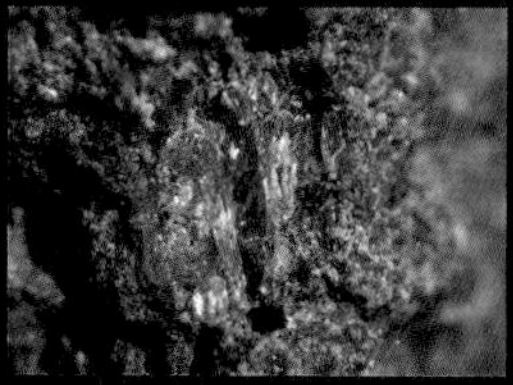
カンラン石の巨斑晶

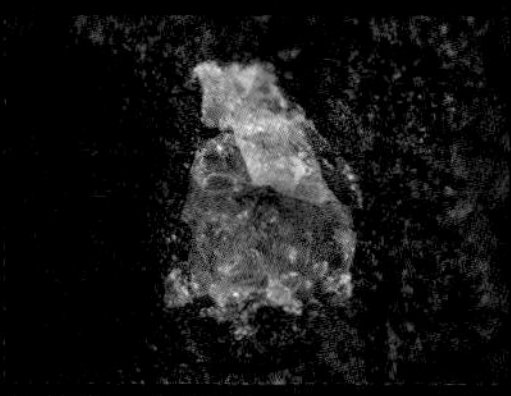
斜長石の巨斑晶

◆火成岩の種類

火山岩	流紋岩	安山岩	玄武岩
深成岩	花崗岩	閃緑岩	斑レイ岩

白っぽい ←→ 黒っぽい

富士山の成り立ちについて

富士山は何万年もの間、幾度となく噴火を繰り返してきた。時には大量の火山灰を噴き上げ、時には裾野を溶岩で焼き払い、時には火砕流や泥流を流す。富士山が「噴火のデパート」と呼ばれるのは、こうしたさまざまなタイプの噴火を何度も起こしてきたことに由来する。

富士山は3つのプレートが交わる地点にそびえる極めて珍しい山である。日本列島を半分に分けるように西側にユーラシアプレート、東側に北米プレートがあり、フィリピン海プレートがその下に潜り込むようにぶつかっている。このフィリピン海プレートは2枚の陸のプレートの境目で、東西に引っ張られながら沈み込むので、亀裂ができやすく、地中深くのマグマは長期間にわたって噴出しやすい状態になっている。

こうした地形が要因となり、富士山はこれまで大きな噴火を幾度となく繰り返してきた。今から10万年以上前、現在の富士山のやや北側に「小御岳火山」という安山岩質の火山があった。その後、小御岳火山の南斜面から新たな噴火が始まり、10万年から1万年前の間、大量のスコリアや火山灰を噴出。3000m付近まで成長し、現在の富士山の原型である「古富士火山」が出来上がった。さらに、1万年前から再び火山活動が活発し、古富士火山に覆いかぶさるように現在の「新富士火山」が出来上がったとこれまで考えられてきた。

ところが近年、地下300mよりも深いエリアで、角閃石を含む安山岩が大量に発見された。小御岳火山の安山岩には角閃石は含まれないため、小御岳火山とは全く別の山体が、さらに下に存在することが明らかになったのだ。この火山は数十万年前以前から活動していたと考えられ、「先小御岳火山」と名付けられている。

日本は世界のおよそ10％にも及ぶ、111もの活火山が存在している火山大国だ。無論、富士山もその一つであり、今後も地震や噴火といった自然災害を引き起こす可能性が十分にありえる。一方で湧き水や温泉など、富士山は我々に多くの恵みを届けてくれる存在でもある。災いと恩恵、富士山はその両方をもたらす存在として、これからもあり続けていくのだろう。

◆富士山は「四階建て」

現在の富士山は 4つの火山が重なって出来上がった。小御岳火山の山頂は現在の富士スバルライン五合目に位置する

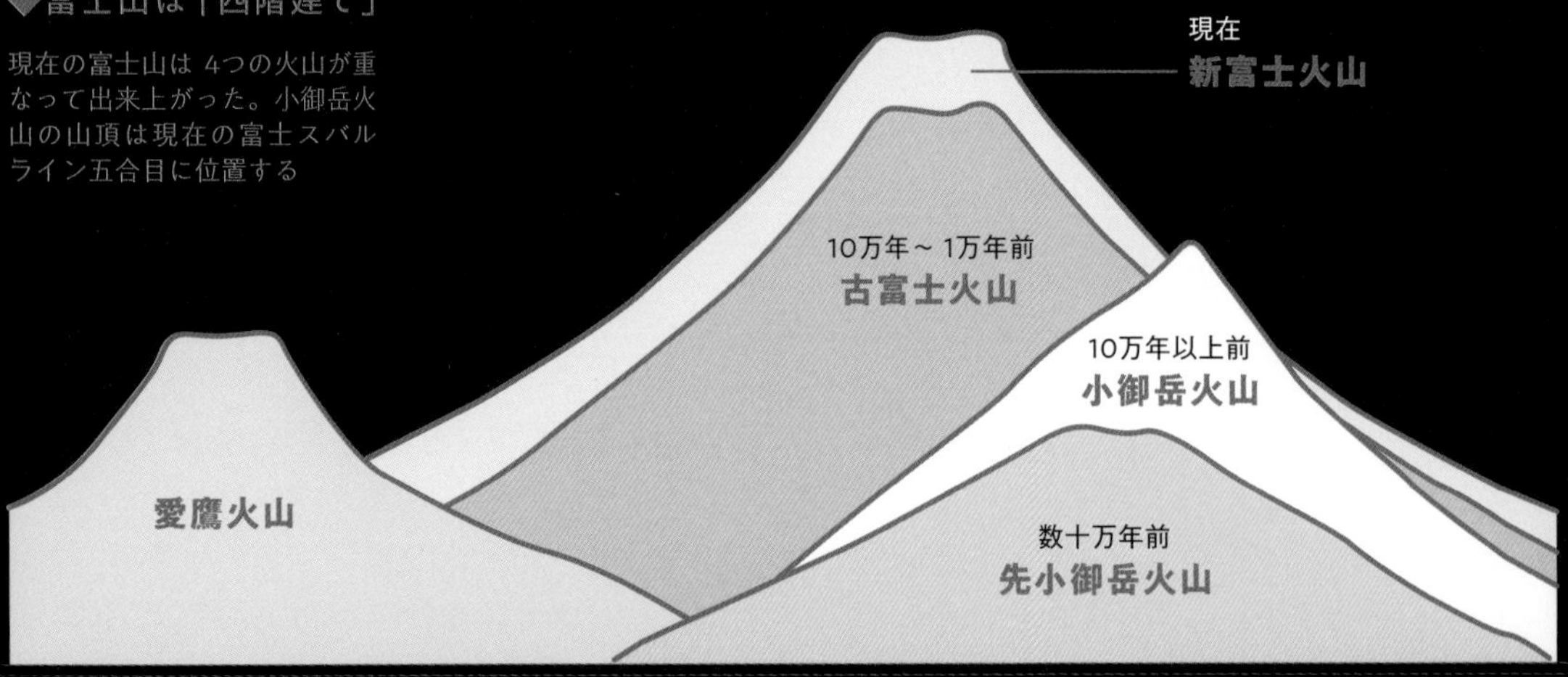

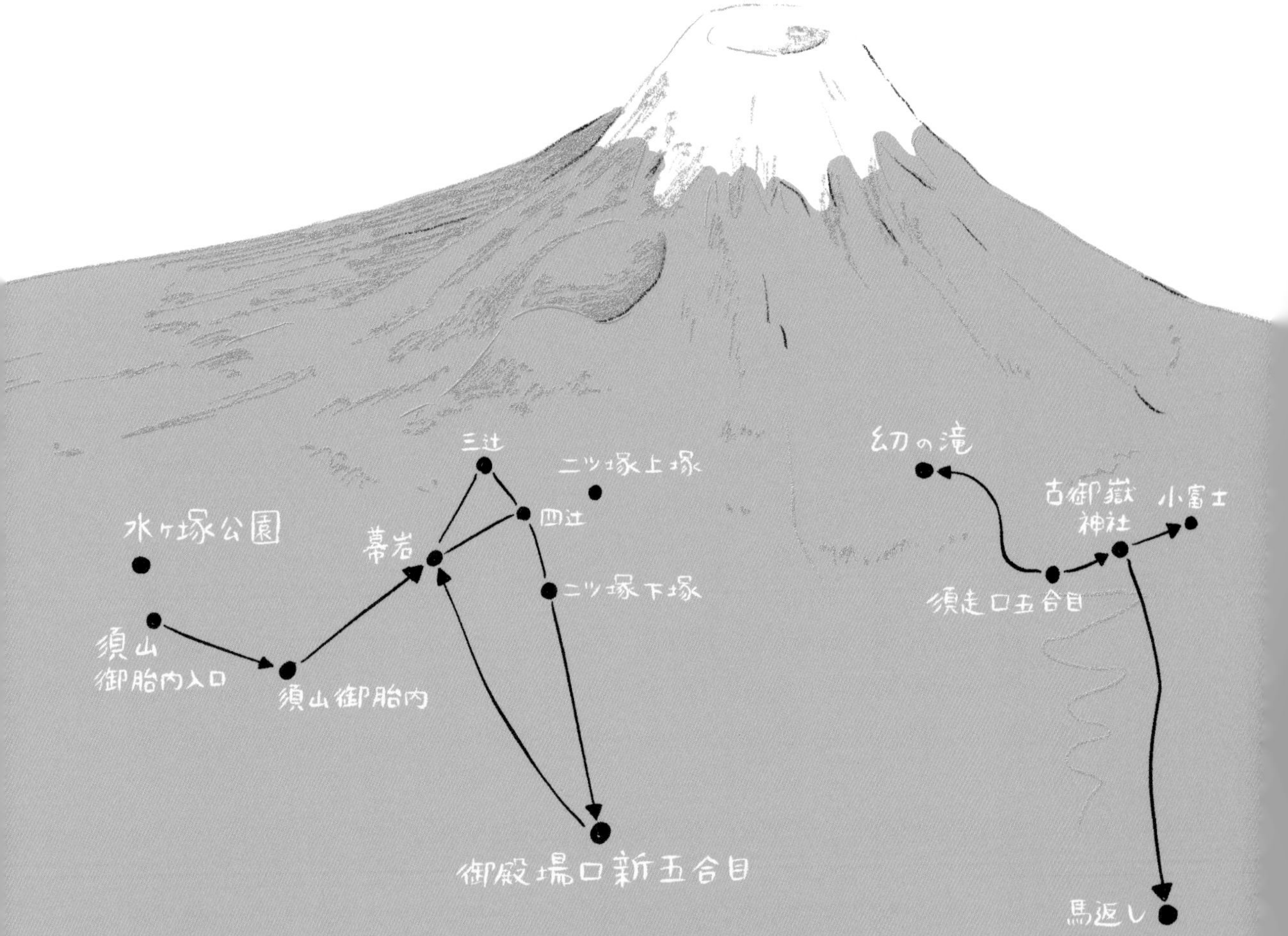

Eastern foothills PART2 Gotemba + Subashiri Route

東麓エリア

御殿場口＋須走口

8

御殿場口五合目周遊

距離／約8・5km
時間／約3時間
行程／周遊

生命力がみなぎる落葉広葉樹の森を歩く

スコリアの大地から色鮮やかな樹林帯へ

富士山には多くの天狗伝説が伝わっているが、その中でも特に有名なのが山の北側を護る富士山《ふじさん》小御岳正真坊《こみたけしょうしんぼう》と、南側を護る富士山太郎坊だ。御殿場口新五合目一帯は、南側の大天狗にちなんで通称「太郎坊」と呼ばれている。今回はそんな御殿場口付近を周遊するコースを歩いてみたい。

まずは第一駐車場の奥から「幕岩」を目指す。なだらかなスコリアの斜面を歩いていくと、いきなり富士山頂、宝永山、二ツ塚が連なって姿を現す。足元のスコリアは雪代（雪崩）とともに二ツ塚周辺から運ばれてきた宝永噴火の噴出物で、足を取られるほど厚く堆積している。

しばらく斜面を進むと、左手に森の中へと続く登山道がある。この辺りの標高は約1400mで、日差しを遮るものも一切ないため、カバノキやヤナギ、ハンノキなど、紫外線に耐性のある樹木がマント群落を作って林縁を覆っている。

緑のまま落葉するケヤマハンノキの落ち葉

取材に訪れたのは晩秋。ケヤマハンノキの根元には多くの落ち葉が緑色をしたまま堆積していた。ハンノキは根に共生させている根粒菌に、大気中の窒素を固着させて栄養を吸収する能力を身に付けている。そのため、紅葉する代わりに、緑色の葉を根元に落とすことで、葉の中にため込まれた窒素を再び自身の中に回収することができる。

森に入るとこれまでのスコリア大地とは異なる、生命力にあふれた景色が広がる。この辺りの土壌は3200〜5600年前の須走b期に属する幕岩噴出物で構成されており、周囲に比べて古い。そのため、周辺の富士山体そのものではあまり見かけない、カエデやブナなどの落葉広葉樹の姿がよく見られる。

この日は紅葉シーズンの真っ盛り。紅葉は日照時間が少なくなり、光合成の効率が下がる季節に備えて樹木が行う、いわば冬支度だ。葉にはクロロフィルと呼ばれる緑色の色素が多く含まれるが、気温が下がると樹木は葉中のアミノ酸を枝や幹に戻そうとして、この成分の分解を始める。すると、相対的に黄色の色素であるカロチノイドが目立つようになり、葉は黄色に変化する。さらに、樹木は葉の根本と枝の間に壁を作って、落葉を促していくが、この間、葉の中で作られたブドウ糖が行き場を失い、日光に反応してアントシアニンとい

地衣類のハイイロゴケ

第一駐車場の奥からスコリア大地を登る

マグマが生み出した大迫力の自然美

溶岩でできた巨大な幕岩を見上げる

（上）葉が重なった部分は日照を受けないので黄色いまま
（下）ネズミたちの食料となるブナの実

溶岩沢を越えて進む

う赤い色素へと変化する。こうして緑色だった葉は赤く染まり、やがて地に落ちて冬を迎えるのだ。

森の中にはブナも多く自生しており、足元には多くの実が落ちていた。森のネズミたちもこの実をせっせと集めて巣穴にため込み、冬を乗り切るための準備をする。ブナが豊作であれば多くのネズミが生き残れるが、凶作になると冬を越せない個体も増える。不安定な環境の中で、体力と知力と運を兼ねそなえた個体が生き残り、強い遺伝子を後世に伝えてきたのだろう。

巨大な幕岩を越え見渡す限りの景色を満喫

幕岩に辿り着くまでの道中には、2本の溶岩沢がある。1本目の二ツ塚溶岩流はこれまで紀元前70年頃のものであるとされてきたが、最新の研究では西暦550年～600年頃にできたと考えられている。2本目の溶岩沢にたどり着き、露出した溶岩の岩盤を登ること数分、目の前に大きな溶岩壁が行く手を阻むかのようにそびえ立っていた。ようやく幕岩に到着だ。

西暦700年頃にできた西二ツ塚溶岩流と、先述の二ツ塚溶岩流が折り重なるように一つの谷に流れ入り、下方の深い谷へとさらに落ち込んでいく。富士山の火山活動が活発だった西暦400年～600年頃に噴出したマグマは無斑晶質で孔が少ないのが特徴で、粘り気の少ない玄武岩マグマが当時この場所で川のように流れていたのであろう。その光景を想像すると胸が高鳴る、御殿場ルートの名所の一つだ。

幕岩を正面にして左側から急斜面の登山道を登り上げ、トレッキングを再開する。幕岩の上部に出ると荒々しい溶岩流とは打って変わった、さらさらとしたスコリア大地が広がっている。このスコリアは宝永噴火の噴出物だが、小道の上に灰色がかった小石を発見した。安山岩だ。

現在の富士山は玄武岩質の火山だが、基礎となった二十数万年前の富士山（先小御岳）は安山岩質の山だった。噴火は地底14～20㎞下からマグマが上昇し、先小御岳の地層も突き破って地表に吹き出るため、時にこうした石たちに出会うことがある。二十数万年前の地球の記憶が、この石に刻まれているかと思うとまたまた胸が高鳴る。

この先、斜面を登ると、一気に樹高が低くなる。これまでよく目にしたダケカンバやカエデ、ブナの姿はなくなり、辺りには背の低いカラマツの森が広がる。視界が開けると突然、目の前に姿を現すのは富士山の山頂。何度見ても感動の瞬間だ。

まもなくカラマツは人の背丈ほどに矮小化し、広大な富士の裾野が見渡せるようになる。晩秋のカラマツが黄金色に色づき、抜けるような高い青空にまだ雪のない富士山頂がよく映える。これまで登って来た須山口下山歩道と、御殿庭へ続く登山道の交差点は四辻と呼ばれ、二ツ塚、宝永山、富士山頂をぐるりと見渡せる絶景ポイントだ。登りの行程が一段落するこの場所で、しばし休憩と広大な景色を楽しみたい。

宝永噴出物のスコリア大地にはイタドリやヒメノガリヤスなどの草地がパッチ状に広がり、見渡しの良い環境も相まって、安心して草を食むシカたちによく出くわす。鋭い棘でシカから身を護るフジアザミが紅紫色の大輪の花を咲かせる秋、こ

（上）先小御岳の地層から地上に現れた安山岩
（下）フジアザミの種

大昔、富士山と共に噴火した愛鷹山を望む

こ十数年で頻繁に目にするようになったのが、無残に切り落とされた頭状花である。初めて見た時はたちの悪いいたずらかと思ったが、個体数が増え、森林限界付近まで生息域を拡大してきたシカが棘の生えていない花序の下の湾曲した茎を食べていることが分かった。食糧難から生じた適応なのか、水のない富士山で水分の多い部位を見つけた学習の結果なのか、いずれにしても自然の中で生き延びていくそのたくましさには驚かされる。

軽快なステップで砂走り 奇岩探しも楽しい

二ツ塚はその名の通り上塚、下塚の二つの火砕丘を指す。現在は宝永噴火の噴出物が周辺全体を厚く覆っているため、二ツ塚自体が噴火していた当時の痕跡はうかがい知れない。年代もはっきりとは分かっていないが、各塚の頂上付近には噴火口の窪地が確認できる。登山道はこの二つの塚の間を通っているが、実はこの道も噴火口であることはあまり知られていない。

今回は下塚の頂上に少し寄り道してみた。頂上の標高は１８０４ｍ、何の障壁もないこの地からは宝永山、富士山頂の眺望はもとより、駿河湾、大涌谷や箱根の山々、御殿場や沼津の街並みなど３６０度のパノラマを堪能できる。体力に余裕

【右写真】黄葉の森から宝永山と富士山頂を望む

森を抜けた先には 壮大な景色が 待っている

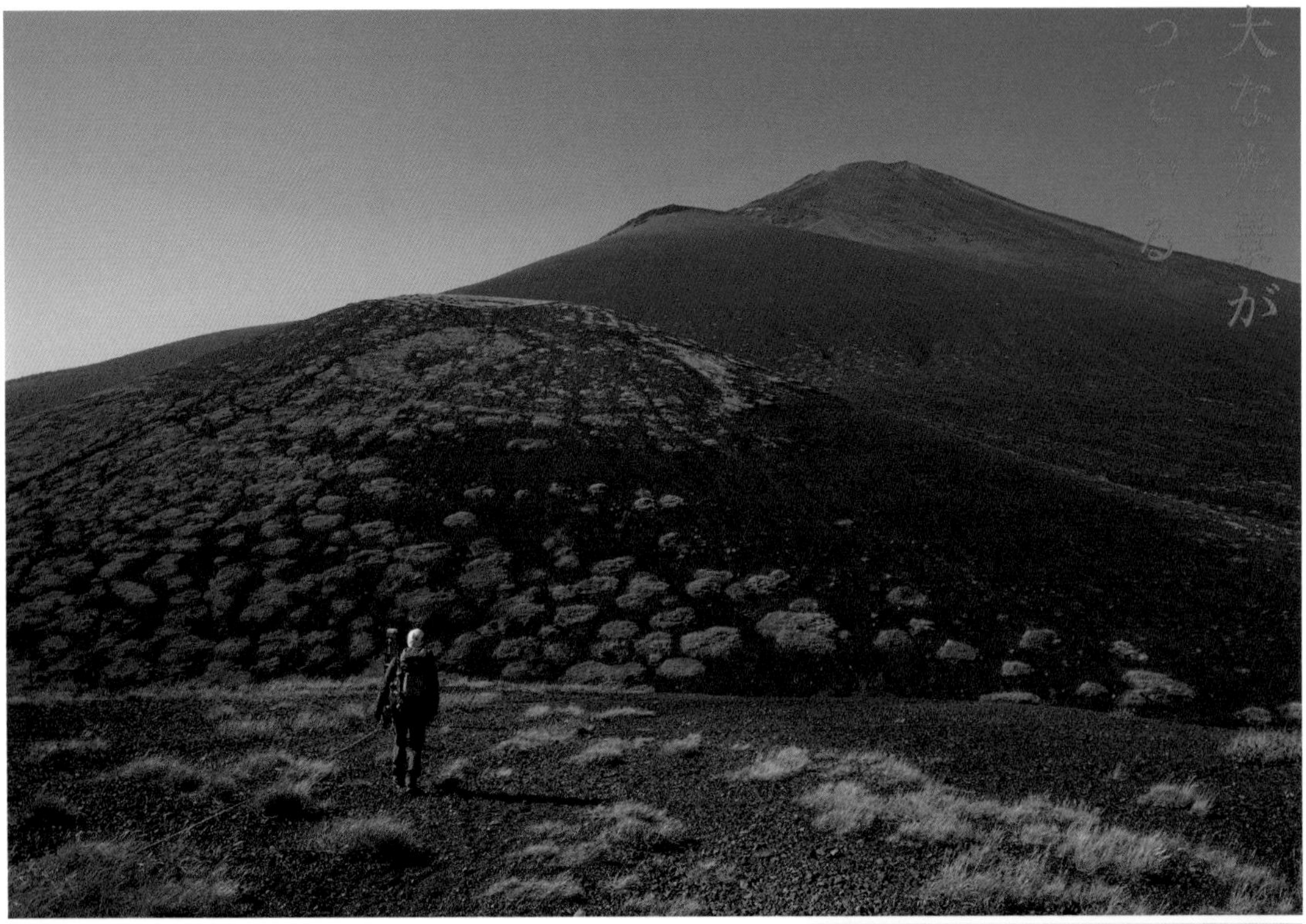

下塚の山頂から富士を望む

下塚山頂には鳥居も立つ

（左）宝永噴火の噴出物　（右）奇岩探しも面白い

があれば思い切って寄り道していただきたい。

最後の下りは下塚を巻くように右斜めに伸びる谷を進む。雪代によって運ばれたやわらかな砂が堆積しているので、ちょっとした砂走りを体験できる。コツはバックパックのショルダーベルトの下方に手をかけ、上半身を安定させ、小股でかかと着地すること。あまり速度を上げ過ぎずに小走りすることも心掛けたい。ザックザックと砂を駆け下りる体験は、まるでクッションの上を歩いているようで気持ちが良い。ただ、転倒時のリスク回避のため、トレッキングポールはしっかりとバックパックに固定しておきたい。

ちなみに、この沢筋での個人的な楽しみは「奇岩探し」だ。雪代とともに上部から流れ着いた堆積物の中には、珍しい石たちが点在する。とはいえ石だらけの大地の中から意中の石を見つけることは至難の業。宝永噴火最初の噴出物である白い小石（デイサイト）、安山岩、斑レイ岩、黒曜石、溶結凝灰岩などなど……休みの日は石探しだけで一日過ごせるほどである。

奇岩の沢を下りきると、スタート地点に帰ってくる。自然豊かな古い森から始まり、マグマが作った自然造形「幕岩」、広大な火山景観、奇岩探しと見どころは盛りだくさん。季節を変えて何度も訪れたくなるコースだ。

COURSE8 GEZANMAP

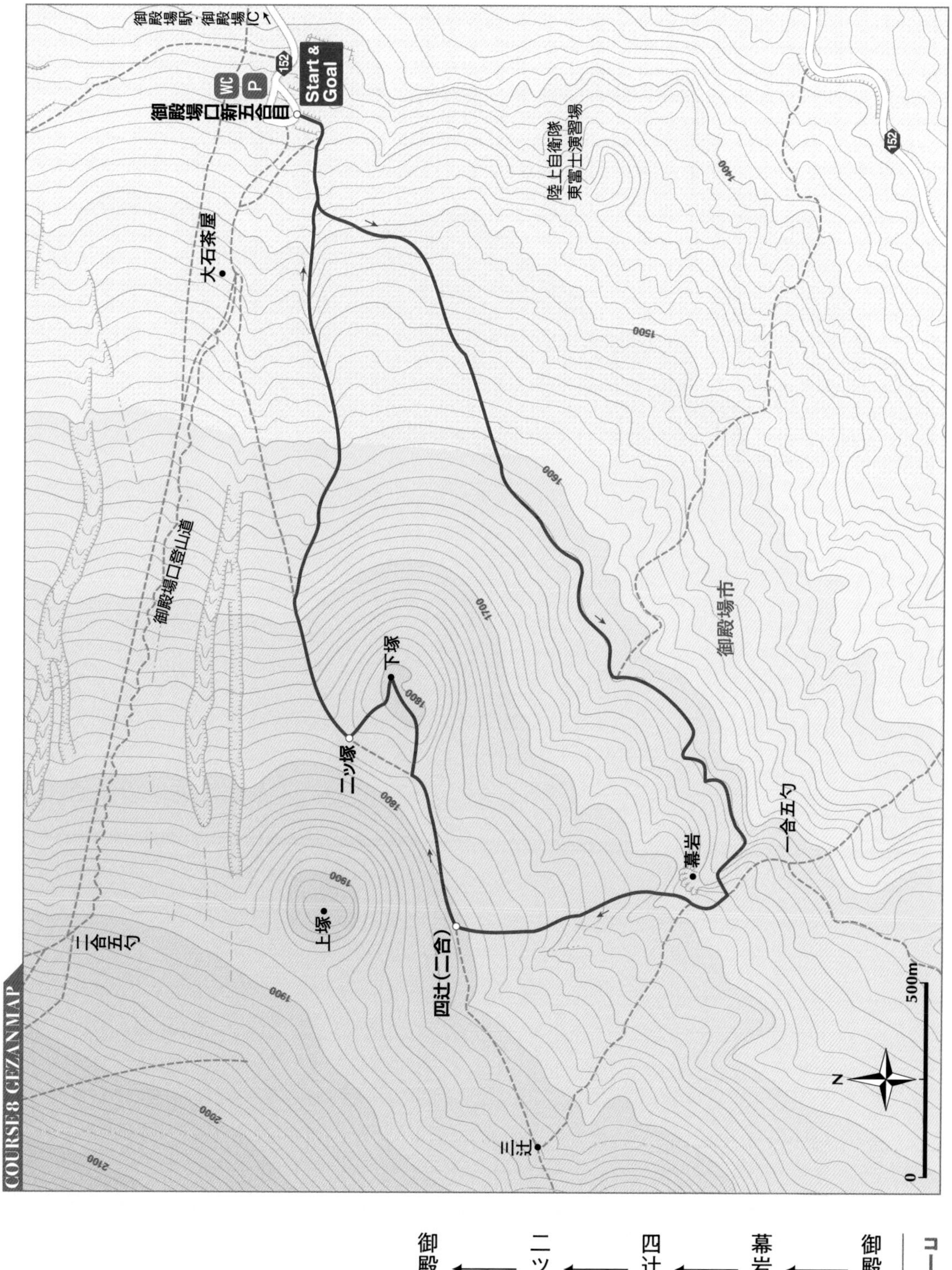

コースタイム

御殿場口新五合目
↓ 85分
幕岩
↓ 35分
四辻
↓ 20分
二ツ塚(下塚)
↓ 30分
御殿場口新五合目

距離／約８㎞　時間／約２時間　行程／片道下り

大噴火に消えた巡礼の記憶をたどる

丁目石「九十四丁目」「九十五丁目」

静岡側を代表する歴史ロマンの道

須走口は歴史の道である。旧六合目からは至徳元年（１３８４）に浅間大菩薩に奉納された懸仏が出土しており、少なくともこの時代に須走口から登山した道者がいたことが推測される。また、明応9年（１５００）の庚申の年、関東で起こった戦乱のため、北麓からの登山がかなわず、多くの道者が須走口にあふれかえったとの記録が「勝山記」に記されている。戦国時代にはすでに富士登山の巡礼路として賑わっていたようだ。

この繁栄の背景には、鎌倉街道（鎌倉と信濃を結ぶ道）がある。相模国（神奈川）をはじめとする東国の道者の多くはこの道から須走口を経由して登拝に訪れていた。また、甲斐国（山梨）との国交の道としても知られ、付近は篭坂峠を挟んで多くの人や物が行き来をする要衝の地であった。しかし、宝永4年（１７０７）の大噴火によって一帯は大きな被害を受けたため、これ以前の歴史資料はほとんど残されていない。現在の旧登山道は復興の後の大改修を経て、今の世に歴史を伝える数少ない手がかりとなるロマンあふれる道である。

今回は須走口五合目から馬返しまで、旧登山道を下りながら散策する。現在の新五合目は昭和34年（1959）の登山道大改変によって、バス道（現在のふじあざみラインの原型）が開通した際に誕生した。2軒ある山小屋「菊屋」「東富士山荘」はともにアットホームな雰囲気で、食事メニューも豊富なので腹ごしらえしてから出発するのもいいだろう。

山小屋を越えたら山頂に向かう登山道の手前を小富士方面へ右折する。150mほど進んだ案内標識を「富士浅間神社・須走馬返し」方向へ下るルートが旧登山道となる。辺りは森の空気が心地よく、足元は溶岩流だが比較的歩きやすい。

ほどなくして見える「小富士参道」の石碑は、昭和10年（1935）に建てられたもので当時の先達の名前が刻まれている。石碑の奥には、うっすらと伸びる参道もある。かつてはここから直接、小富士へと向かったのだろう。登山道を挟んである二つの平場は中食場《ちゅうじきば》と呼ばれ、朝、富士浅間神社で参拝して登ってきた人々が昼食を取った場所とされる。周辺には野面積みの石垣がいくつもあり、小屋が建っていたことが分かる。

登山道はS字にカーブし、ふじあざみラインを横に見ながら緩やかに下る。300mほど下った地点が御室浅間神社跡だ。富士山の女神・此花咲夜姫命《このはなさくやひめのみこと》とその夫である天津《あまつ》日高彦火瓊瓊杵尊《ひだかひこほのににぎのみこと》が祀られていたが、現在は登山道を少し登った先の古御嶽《こみたけ》神社に合祀されている。また、この地は女人結界の地であり、雲霧神社跡とされている地点には女人堂があったと考えられている。明治初期までは女人禁制の山であった富士山において、この地は女性が登山できる最高地点だった。

道中に立つ小富士参道の石柱

ダケカンバの大木がそびえる

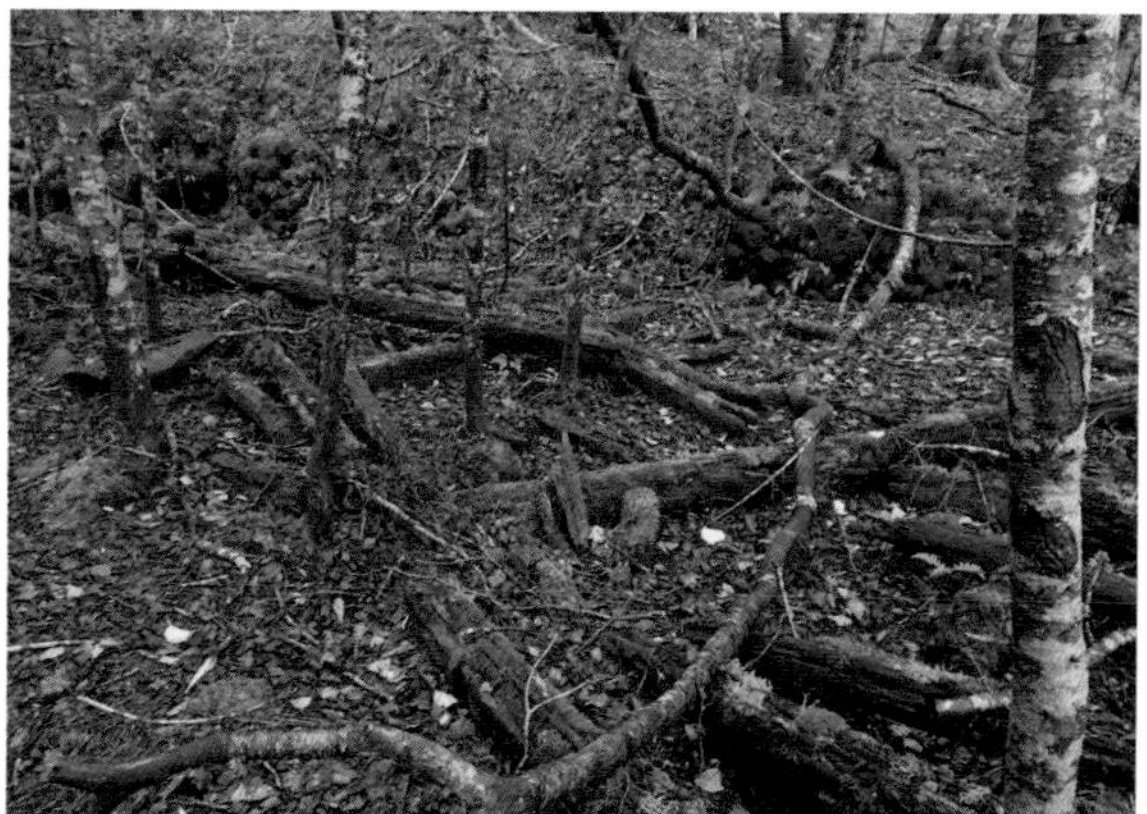
登山道沿いには昔の小屋跡があり、石垣が今も残る

広葉樹の森の先には巨大な断崖絶壁が

その先、左手側に険しい谷が見えてくる。足元に注意しながら進み、やや大きな傾斜面を下ると、溶岩流からスコリアの地面に変化する。つまりここが、これまで歩いてきた溶岩流の際というわけだ。植生も一気に変化し、カラマツ・シラビソの森からミズナラやカエデなどの落葉広葉樹の森になった。下草もコケからテンニンソウに代わり、まったく異なる世界に入ったようだ。

左側の斜面には石柱があった。丁目石と呼ばれるもので、「九十七丁目」と刻まれている。いつ頃に、何基設置されたものなのか、詳しいことは分かっていないが、当時の登山者の道標として使われていたのだろう。ここから連続して「九十四丁目」まで、計4基の丁目石がある。一丁はおよそ１０９ｍとされているが、実際に間を測ってみるとかなりまちまちだった。

「九十五丁目」は大きな平場に隣接しており、この場所に先述の「雲霧神社」があったのではないかというのが新しい説だ。明治時代の書物に「御室浅間神社より六丁下」「苅（狩）宿より四丁上」という表記が見つかったことが根拠となっている。実際に４００ｍほど下った場所に「狩休小屋跡」がある。

いったん舗装路に出て再度山道に入ると、正面に巨大な断崖絶壁が出現する。「富士山グランドキャニオン」と呼ばれる大きな崩落谷だ。全長約９００ｍ、最大落差は１００ｍにも及ぶ火山灰堆積層はまさに圧巻の光景。過去数万年分の噴火や土石流の堆積物が折り重なった地層がはっきりと確認でき、約２９００年前に起きたとされる富士山東斜面の山体崩壊による地層も見ることができる。

この谷は雪代（スラッシュ雪崩）によって長年にわたり浸食され続けて出来上がったものだ。冬から春にかけて起こる雪代は、雨と雪が混ざった水分の多い雪崩で、山腹の斜面にある砂や岩を巻き込みながら大地を削る。土石流は時に、山麓の集落にまで到達して村を埋めつくしてしまうことさえあるという。ここはその雪代のエネルギーの大きさが垣間見れる絶好のスポットだ。なお、現在は大崩落による危険が増しているため、グラン

富士山グランドキャニオンを望む

テンニンソウに覆われた丁目石以降の登山道

ドキャニオンへの立ち入りは禁止されている。隣接する登山道も十分注意して歩いてほしい。

登山道は溶岩石が転がる谷地形の底を進む。通常、富士山における騎乗登山が許されたのは「馬返し」までだったが、旧須走口登山道は大正5年（1916）の大改修によって、旧八合目まで馬で行くことができるようになっていた。この道も当時は、馬が行き交っていたのだろうか。深くえぐられた道は、そんな歴史の名残なのかもしれない。登山道とふじあざみラインが並行しはじめると、間もなく馬返しが見えてくる。木製の小さな鳥居をくぐれば、本日のゴールである。

ゴールの目印

馬返しの鳥居

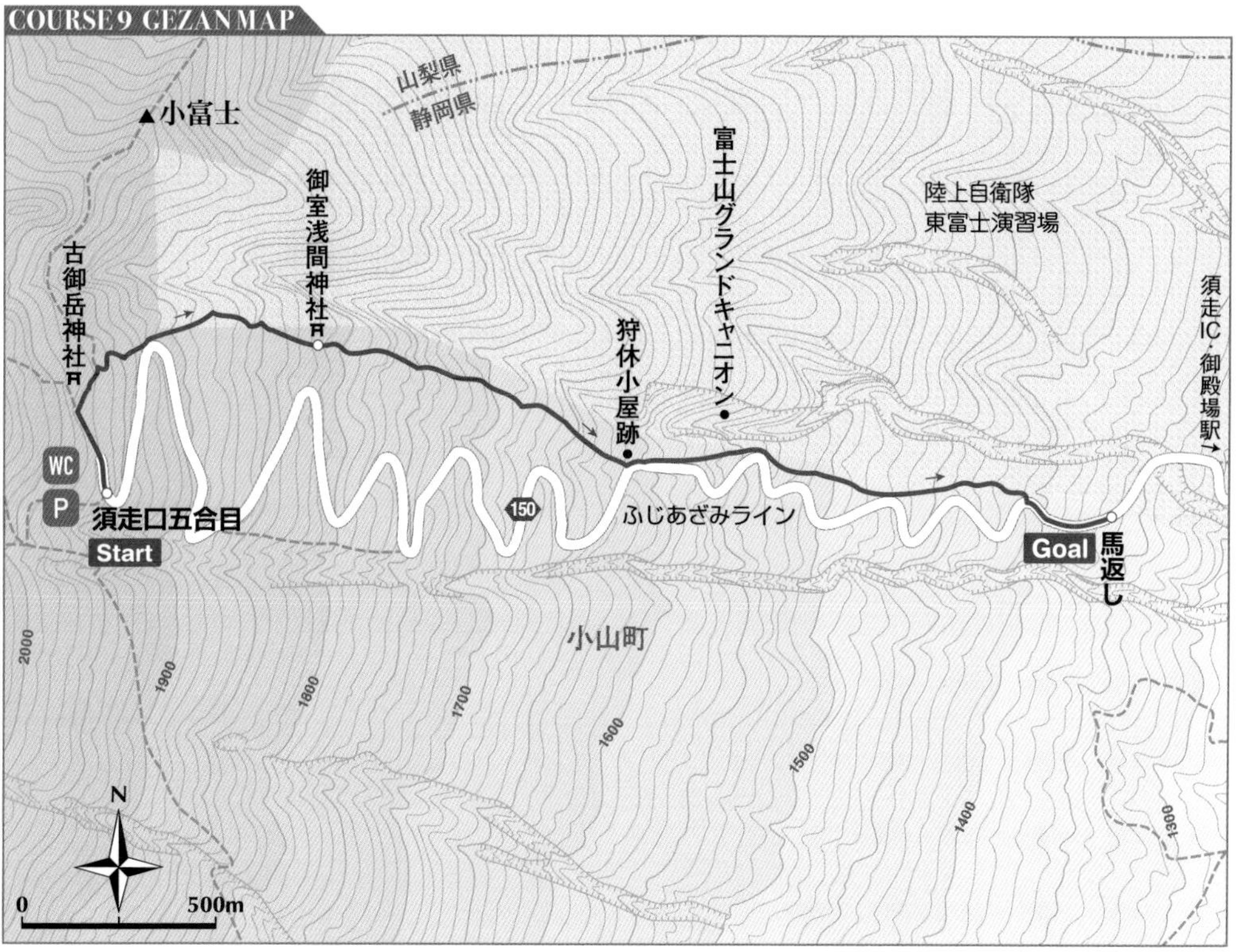

※馬返し付近に駐車スペースあり。富士山登山シーズンのみ運行バスの利用も可（御殿場駅発）

コースタイム

須走口五合目 ← 55分 ← 狩休小屋跡 ← 30分 ← 馬返し

MINI COURSE

10

小富士ミニハイキング

距離／約3・5km　時間／約40分　行程／折り返し

爽やかな遊歩道で四季折々の自然に出会う

小富士から望む
富士山頂

キノコ茶を飲んで爽やかな森の中へ

標高2000m。森林限界よりはるかに低い須走口五合目は、森に覆われた自然豊かな登山口だ。駐車場からは森林限界を目指して途上しているカラマツの様子がよく分かる。今回はここから小富士まで歩いて折り返すミニハイクである。

早速スタートといいたいところだが、まずは登山口にある山小屋に立ち寄ろう。ここでふるまわれているキノコ茶は、ダシが効いていて美味なので遠慮なくいただきたい。2軒ある山小屋はいずれもアットホームな雰囲気で、周辺の自然情報などを仕入れておけば、散策の楽しみの幅もぐっと広がるはずだ。

さて、登山道の階段を正面に見て、右手に伸びる小富士遊歩道が今回のルート。シラビソの樹林帯に足を踏み入れると爽やかな空気が広がり、森の香りが肌越しに体の中にまで入ってくるような気持ちになる。一般的に「森の匂い」と呼ばれるものはテルペンという香り成分だが、シラビソはレモンの香りで知られるリモネンを多く含んでいるため、爽

(右)五合目には2軒の山小屋が登山者を迎えてくれる
(左)東富士山荘のきのこカレー

夏、植物たちが輝く雨上がりの遊歩道

岩にしがみつくように露出した根が大地を覆う

やかさが一層際立っている。

　この辺りは春から夏にかけて、谷から聞こえるミソサザイのさえずりが遊歩道に響いて、心地よいハイキングが楽しめる。長く複雑な節回しを繰り返すミソサザイのさえずりは、鳴き声というより、もはや歌声。この森一番のソングスターといえるだろう。

　ミソサザイの名の由来は「味噌色の小さな鳥」や「溝に暮らす小さな鳥」だという。谷あいのオーバーハングした岩などに、コケを用いてふかふかの巣を作って子育てする濃い茶褐色の鳥だ。全長10㎝、体重8gほどの小さな体に似合わず、大声でさえずるのには訳がある。彼らは一夫多妻のつがい形成をするため、オスは縄張りにある複数の巣を守らなくてはならない。盛んにさえずることで、自分の縄張りを周囲に宣言しているのだ。そんな事情を知ると、優雅なさえずりの中にも力強さが感じられる。

スコリアで覆われた丘から見る雄大な景色

　しばらく進むと、次第に森の様子が変わっ

カラマツ、シラビソ林が広がる裾野

三角点を目指してスコリア大地を下る

てくる。周囲を見ると、露出した木の根がまるで遊歩道を遮るかのように、大きな溶岩石を抱え込みながら荒々しく地を這っていた。溶岩の岩盤だけでなく、硬い茶褐色の土壌もあり、大きく突き出た岩盤が縦にいくつも並んでいる。

　ここは大昔の噴火口なのだ。突き出た岩盤は噴火の際、山肌に縦に亀裂が入った痕跡で、茶褐色の土は当時の火山砕屑物《かざんさいせつぶつ》が積み重なって固まった地層である。

　この場所の林冠を優占しているのは、溶岩にしがみつきながら大樹となったウラジロモミだ。この木は本来、植物の生育に適さない岩塊急傾斜地でも定着できることから、噴火によって土壌攪乱《かくらん》されたこの地で土地的極相種になったと考えられる。それにしても、噴火・崩落といった大きな攪乱までをも逆手にとって生き延びる戦略には脱帽である。生存戦略によって隙間を埋めていく生態系の様子は、まるでパズルのようだと感心する。

　小富士と呼ばれるエリアに着くと、視界が突然開ける。林縁を出るとスコリアと呼ばれる細かな火山噴出物（砕屑物）で覆われた小高い丘の麓にたどり着く。ここは大きな植物体がほとんど定着しておらず、周りを森に囲まれた裸地となっている。何とも不思議な景色であり、噴火によって作られたことは間違いないが、詳しいことはまだ解明されてはいないようだ。

　丘に登って振り返れば、巨大な富士山が目の前にそびえ立っている。白い雪を山頂にかぶる春、真っ青な空を背景に凛とした姿を見せる夏、黄金色に色づいたカラマツの衣をまとう秋。四季を通じて私たちを魅了してくれる、まさに霊峰の姿がそこにはある。

　眼下には、紺碧の山中湖が湖面を輝かせて横たわり、箱根の大涌谷の噴煙も確認できる。裾野に広がる広大な森を見ていると、富士山の懐の広さに改めて感嘆させられる。さまざまな季節に訪れたい、気軽ながらも充実のハイキングコースである。

眼下には山中湖が美しく輝く

（右）今では数が少なくなったカモメラン
（左）ヒメムヨウラン。葉緑体を持たない腐生ランの一種

＼雨上がりは特にキレイ／

光り輝くイワダレゴケ

白い花をつける
ミヤマエンレイソウ
（シロバナエンレイソウ）

COURSE 10 GEZAN MAP

コースタイム

須走口五合目
↓ 20分
小富士
↓ 20分
須走口五合目

※「幻の滝」はP82参照

距離／約9・5km　時間／約3時間　行程／折り返し

噴火の記憶を留める自然の神秘に感動

須山御胎内に祀られる祠が、かつての賑わいを伝える

溶岩が生み出した安産祈願の霊地

富士山の登山道は吉田口・富士宮口・須走口・御殿場口の4ルートが世界遺産の構成資産に認定されている。しかし、これとは別に「須山口」の登山歩道・下山歩道という少しマニアックなルートが存在する。今回はこの内、下山歩道を歩いてみたい。須山御胎内入口から登り始め、三辻・四辻を経由して折り返すコースだ。

須山御胎内入口は水ヶ塚から1・5kmほど西にある。登山道はきれいに整備されていて歩きやすく、脇には土壌の流出を防ぐ水切りも施されている。道沿いには大きなミズナラがいくつも立ち並んでいて、天然林の明るい雰囲気が心地よい。

少し進むと「須山御胎内」と呼ばれる溶岩洞窟に差し掛かる。元々この辺り一帯は、幕岩噴出物と呼ばれる古い噴火の噴出物で覆われていた。その上に須山御胎内溶岩流という比較的新しい（とはいえ2300年前〜現在）溶岩流が流れた際にできたのが、この洞窟である。形状が人体の胎内を思わせることから「御胎内」と名付けられ、安産の神として信仰を集めた霊地だった。

　この付近は須山口の一合目に当たり、かつては何軒もの小屋があったらしい。周囲には小屋跡と思われる平場がいくつも見られる。かつての賑わいを思いながら歩みを進めると、足元に溶岩流が露出し始め、やや荒々しい道になってくる。宝永噴火の噴出物と思われる噴石のほか、大きな安山岩の姿もある。そんな中、ひと際異彩を放つ黒い石が目に留まった。黒曜石だ。今まで見たことがないほど巨大な塊に、思わず声を上げてしまった。石好きの私にとって、こうした思わぬ出会いは何よりの喜びだ。ひとしきり愛でた後、道の脇に戻してその場を後にする。

　一合五勺の分岐を「幕岩」に向かって進むと、いきなりの急坂となる。谷側の急斜面にはダケカンバの大木があった。紫外線に強いこの木は、植生の乏しい土地に先駆けて根を張るパイオニア植物だ。冬の大雪の重さにも、幹を湾曲させることで耐え抜き、今まで生き残ってきたのだ。

　なお、時間と体力に余裕があれば、幕岩へ寄り道するのもよい。ほんの5分程度の折り返しだが、道は足場が悪く、急な上り下りがあるので注意したい。幕岩については「⑧御殿場口五合目周遊」で紹介しているので参考にしてほしい。

登山道沿いには大きなミズナラが並ぶ

（左）胎内樹形の内部　（下）溶岩の流れた痕跡

＼レアな石に出会えるかも／

握りこぶしほども
ある黒曜石の塊

MINI COURSE

カラマツの天然林を
縫うように道は続く

涸れ沢の側面は おもしろ石の宝庫

　本コースに戻り、ほどなく迎える分岐を三辻方面に向かう。周囲は美しいカラマツの純林が続く道だ。今回はあえて登山道の横に並走する涸れ沢に下りて、その上を目指す。実はこの沢、「おもしろ石」の宝庫なのだ。雪代が削り出した涸れ沢の側面には、宝永噴火の地層が露出していて、堆積した噴出物を間近に眺めることができる。取材当日は、大きな炭の塊を見つけた。炭といっても登山者が焚き火をしたわけではなく、宝永噴火の熱で炭化した樹木そのものである。炭素は自然の力では分解することができないため、３００年以上経った今も、こうして我々に自然の驚異を生々しく伝えてくれているのだ。

　涸れ沢と登山道が交差する地点で、正式な登山道に復帰する。歩いたのは初秋の季節。黄葉が始まったばかりの美しいカラマツの森の中を、縫うように細い道を進んでいく。道の傾斜は緩やかで、林床にはシモフリゴケの群落がまるで分厚い絨毯《じゅうたん》のように広がっていた。木々の間から正面に宝永山の赤岩が見えてきたら、間もなく三辻に到着だ。

　分岐を右に折れ、スコリア大地を６００m進むと二ツ塚上塚の麓、四辻に到着する。この分岐を幕岩方面に下り、５００mほどで幕岩下降点にたどり着く。ここで登ってきた道と合流するので、後は来た道を戻ってゴールを目指そう。登りの時とは違った視点で山の景色を楽しむのも、また一興である。

（右）涸れ沢との交差点。惑わされずに登山道をしっかり選ぶこと
（上）宝永噴火の際に焼け、炭化した樹木

（右）三辻の分岐
（下）四辻の分岐

林床に広がるシモフリゴケの絨毯

COURSE 11 GEZANMAP

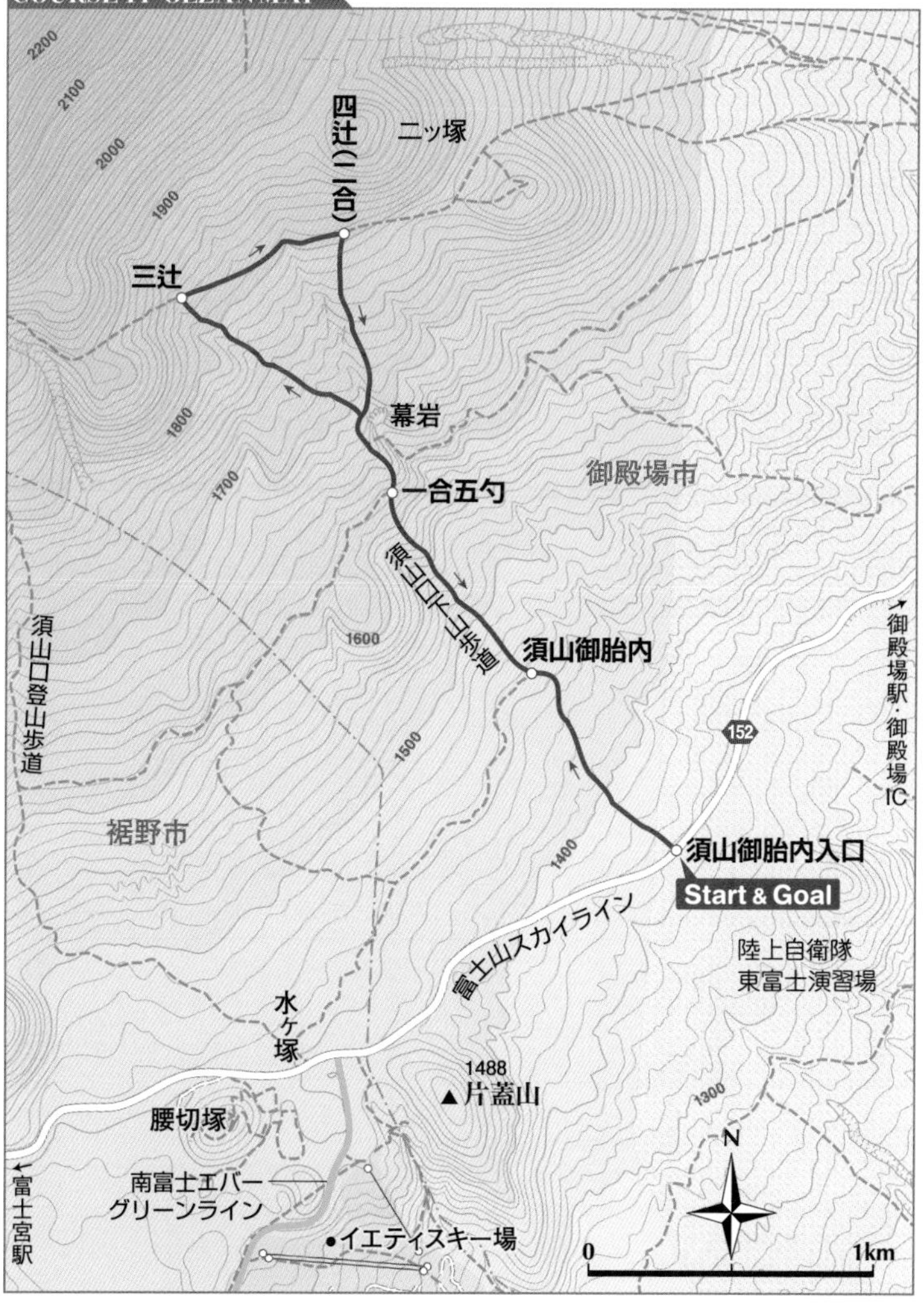

コースタイム

須山御胎内入口
↓ 25分
須山御胎内
↓ 45分
一合五勺
↓ 30分
三辻
↓ 10分
四辻
↓ 65分
須山御胎内入口

※須山御胎内入口付近に駐車スペースあり。富士登山シーズンのみ運行バスの利用も可（御殿場駅発）

12

腰切塚

距離／約1㎞　時間／約20分　行程／周遊

見晴らし抜群の密かな景勝地

展望台から眺める富士山は絶景！

富士山の南麓は鳥の観察も楽しい

標高1450mの水ヶ塚駐車場は、富士登山シーズンのマイカー規制中はシャトルバスの発着地にもなるスポット。雄大な富士の眺めを気軽に楽しめることで有名だが、すぐ近くにさらなる景勝地があることは意外と知られていない。駐車場の西側（出口側）にひっそりと立つ「遊歩道入口」の標識から、クロスカントリーコースを横切って植林地の階段を10分程登ると「腰切塚」の山頂に着く。

腰切塚はおよそ2300年前〜3500年前の噴火の際、噴出物の堆積によってできた火砕丘だ。山頂にはすり鉢状の火口がはっきりと確認できる。また、木製の大きな展望台も設置されており、ここから見る富士山の眺めは遮るものが何もなくて最高だ。目の前にそびえ立つ富士山体、裾野に広がる広大な森、御殿場口の二ツ塚から続く宝永山までの側火山、大きな宝永火口……。まるで空の上から富士山を眺めているような感覚にひたれ

遊歩道の入り口

展望台に登ると遮るものなく富士山の絶景が楽しめる

腰切塚噴火口に到着

火口底にも下りられる

る。

また、水ヶ塚・腰切塚・西臼塚をはじめとする富士山南麓の森は冬季の楽しみ方も豊富だ。水ヶ塚の雪遊び広場は無料で利用できることもあり、子どもたちのそり遊びの場として人気。降雪後、週末の駐車場は車と子どもたちの歓声でいっぱいになる。

のんびりと自然を楽しみたい人には、冬季のバードウォッチングもオススメしたい。夏の間、亜高山帯で過ごした鳥たちの中には、厳しい寒さと餌不足から逃れるため生息域をやや下げ、亜高山下部や山地帯に飛来・越冬する個体も多い。

落葉樹が葉を落とす冬は、林内の見通しが良くなることからバードウォッチングには最適な季節となる。それと同時に、小鳥たちは天敵のタカやハヤブサといった猛禽類からも見つかりやすくなるため、「混群」という種の壁を越えた群れを形成し、少しでも多い目で警戒に当たる。これには、数が多ければ多いほど外敵からの襲撃を受けた際に自分が襲われる確率が減る「薄めの効果」もあるという。混群はみんなで仲良く安全に冬を過ごすための戦略ではなく、厳しい冬をサバイブするための利己的な戦略とも考えられている。

道中は亜高山帯から降りてきた、普段はあまり目にすることのないホシガラスやルリビタキとの出会いもある。双眼鏡を持って冬の森歩きを楽しんでみてはいかがだろうか。

コースタイム

水ヶ塚駐車場
↓ 10分
腰切塚頂上
↓ 10分
水ヶ塚駐車場

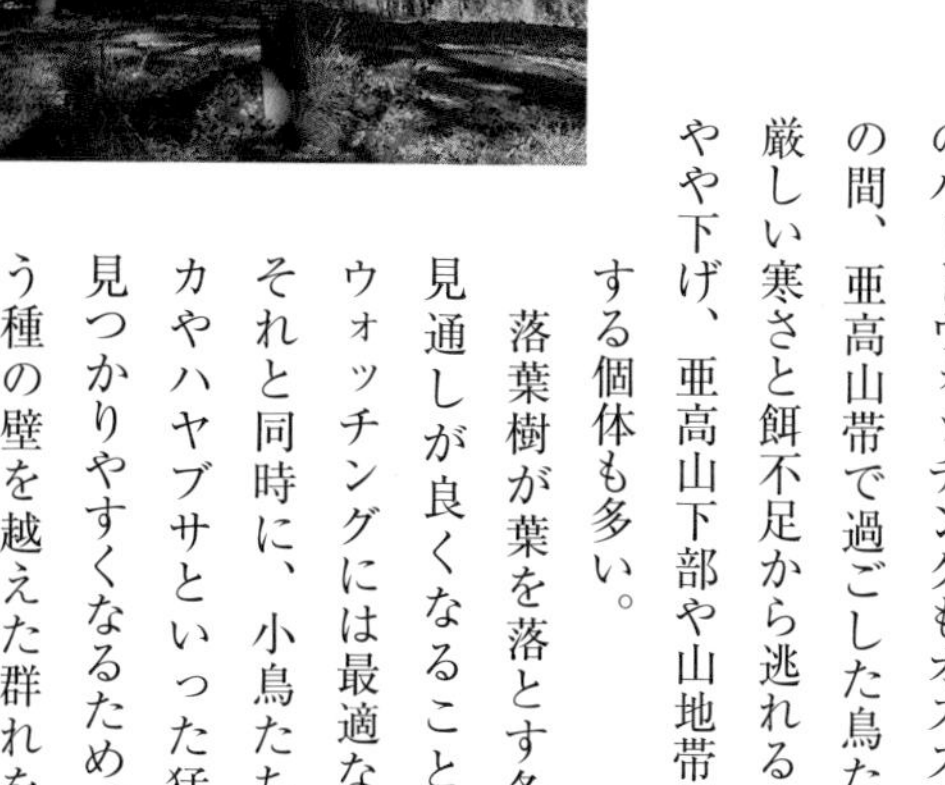

幻の滝

春だけに現れる、雪解け水の滝

「幻の滝」をご存じだろうか？ 毎年5～6月にだけ出現する雪解け水の滝で、須走口の大きな見どころの一つである。五合目からも近いため、季節が合えば小富士ハイキング（P72）などの合間にぜひ立ち寄ってほしい。

スタートは須走口五合目の第三駐車場。五合目へ向かうルートの反対側にトレイルの入り口がある。溶岩の涸れた沢を横切り、トレイルの斜面を登れば30分程度で到着。道中、根元に雪を残したダケカンバや、春の陽ざしを浴びて若葉を広げるカラマツの姿も見られる。

オススメは晴れた日の午前中、それも遅めの時間帯がよい。八合目付近の雪が水となって五合目に到達するのは、早くても午前10時過ぎ。水が流れ始めるジャストのタイミングに遭遇できた時は、感動もひとしおだ。

ところで、こうした現象がなぜ起こるのか？ その理由を探るには、富士山と水の関係について知らなければならない。

通常、富士山は多孔質の玄武岩溶岩や火山礫で覆われているため、雨が降っても水は地面に浸み込み、地中に消えてなくなってしまう。山体に潜った水は古富士（氷河期時代の富士山）を形成する不透水層に到達し、その山肌に沿って地中を流れていく。そして、新富士（現在の富士山）の溶岩流の終着点や割れ目などから再び地上に現れ、川や湧き水となって麓の地域を潤していく。

ただし、マグマにはさまざまなタイプがあるため、時にはあまり発泡せずに冷え固まり、多孔質ではない溶岩沢になることもある。このように表面が滑らかな溶岩の場合、水は地下に吸収されずに、斜面の下へと流れ落ちる。「幻の滝」の雪解け水は、まさにこうした溶岩沢の上を流れているのだ。

この時期の富士山はまだ寒く、夕方から明け方にかけては0℃を下回る。滝の水も夕方頃には凍結し、翌日、太陽が昇ると再び溶けて流れるというサイクルを繰り返す。流れ落ちた水は五合目付近で山体に浸み込むが、再び地上に現れるには十数年、長いと数十年の年月を要するという。目の前の滝が麓へたどり着くには、一体どのぐらいの時間がかかるのだろう。富士の自然の神秘が垣間見れる、貴重な春の風物詩である。

広大な火山荒廃地にまっすぐな登山道が続く

富士山に春を告げる清らかな幻の滝

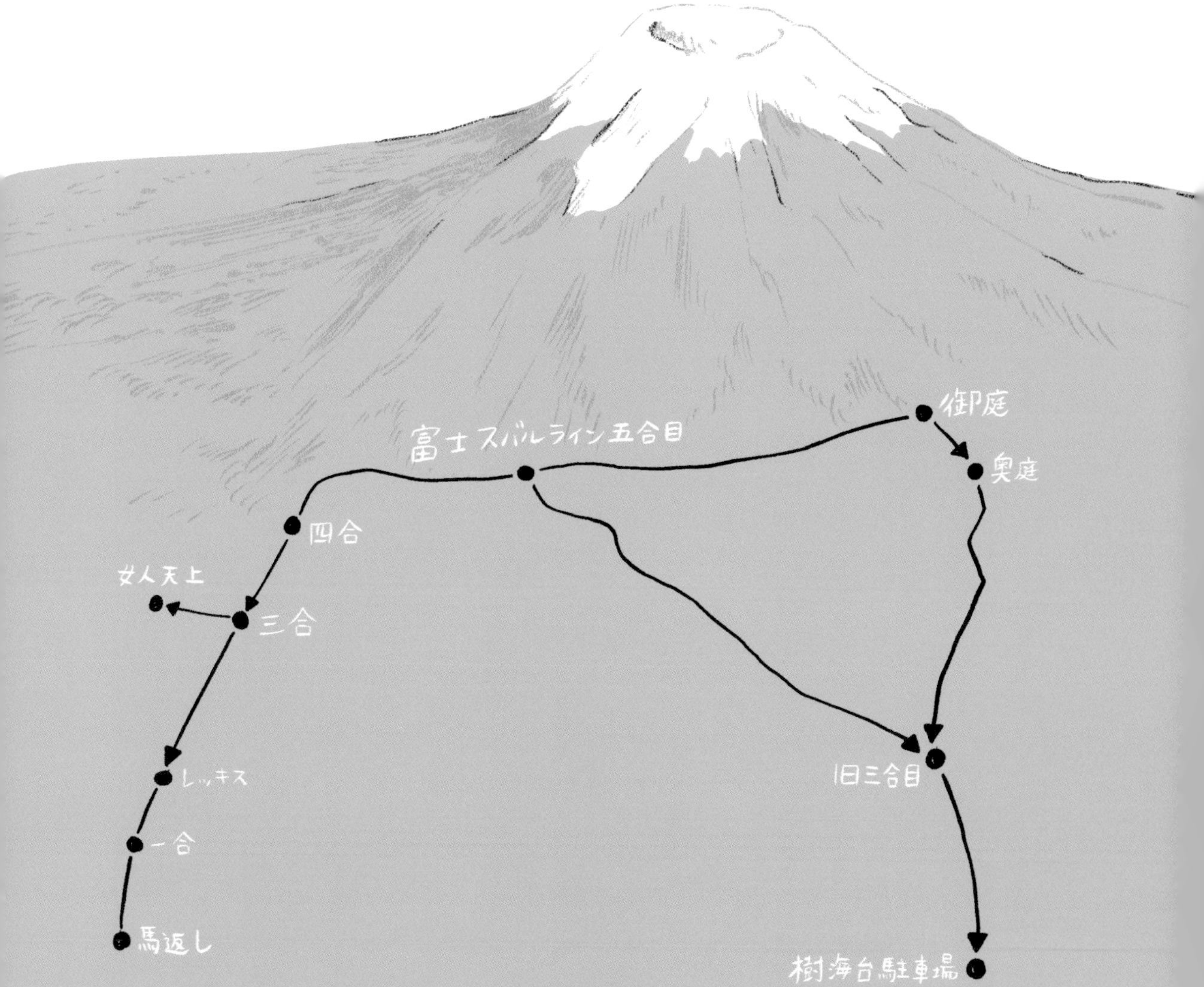

Northern foothills　**PART3**　Yoshida + Jukai Route

北麓エリア

吉田口＋青木ヶ原樹海

13

吉田口登山道 五合目～馬返し

距離／約8・5km 時間／約2時間40分 行程／片道下り

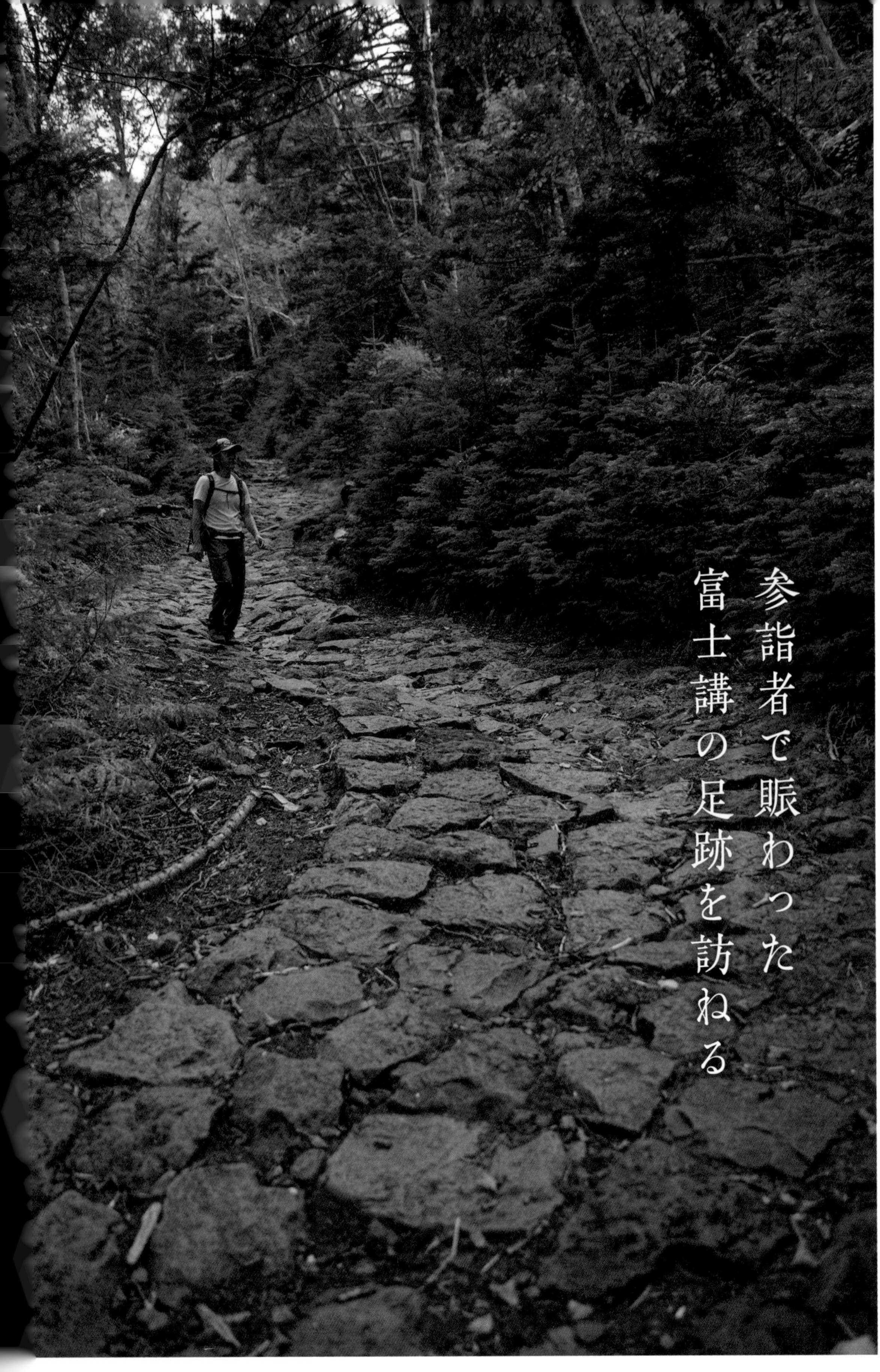

参詣者で賑わった 富士講の足跡を訪ねる

江戸期に花開いた民衆信仰の道

吉田口は4カ所ある富士山五合目の中で最も賑わう登山口だ。現地には大型観光バスが頻繁に行き来しており、多くの売店や食堂が建ち並んでいる。登山者の約6割に当たる13万人がここを出発地点にするという、まさに富士山のメインゲートである。

この盛況ぶりは一見、観光開発がもたらしたものと思いがちだが、実は信仰の歴史が大きく関係している。吉田口の登山者が増え始めたのは、御師《おし》（参詣者を世話する神職）による布教活動が盛んになった室町時代。当時の書物には「富士へ道者参ル事無限」と記されており、すでに多くの人で賑わっていたようだ。戦国時代末期には長谷川角行によって「富士講」の基礎が築かれ、吉田口の富士参詣はさらに拡大した。江戸時代になると行者・食行身禄《じきぎょうみろく》によって、富士講は実践道徳を主体とする教義に発展し、より一層庶民へと浸透していく。

一方、静岡側（村山口）では古くから修験道の信仰が強く、一般の登山者を容易には受け入れなかった。そのため、ほとんどの登山者は吉田口へと流れ、麓には宿泊や神事を執り行う御師町が発展した。山中にもたくさんの山小屋が築かれ、参詣者を後押しする体制が構築された結果、現在の吉田口の発展につながったというわけだ。

今回はそんな吉田口五合目から、一合目の手前にある「馬返し」まで下るルートを紹介したい。スタートポイントに向かう前に、麓にある北口本宮富士浅間神社に立ち寄る。1900年以上の歴史を持つ社で、境内には吉田口登山道の入り口がある。参道には長谷川角行が一千日間の爪先立ちの苦行をしたとされる大きな岩や仁王門の基礎などもあり、まさに富士登山史の始まりの地である。

さて、参拝を済ませたら、富士スバルライン五合目へ向かう。人で賑わう駐車場を背に登山道を東へと進む。未舗装の砂利道をしばらく行くと足元が石畳に変わる。この道は吉田口登山道から小御嶽神社へ向かう参道に当たり、傍らには「泉ヶ瀧」と刻まれた石柱が立っている。富士山中の数少ない水場の一つであり、参詣前の水垢離場として利用されてきた場所だ。ここは六合目への分岐にもなっており、登山シーズンは多くの人々が右側に登り上げて進む。つられて道を誤らないよう気を付けたい。

賑わう富士スバルライン五合目駐車場

麓にある北口本宮富士浅間神社

（上）道中には馬に乗って観光を楽しむ人も
（下）御中道の一部を進む

つづら折りの道沿いに点在する山小屋跡

人気の山小屋・佐藤小屋の前をすり抜け、森林帯に入っていくと、いよいよ下山開始である。付近はかつて「中宮三社」と称された三つの社（浅間社・大日社・稲荷社）があったことから「中宮」と呼ばれている。現在はその内の一つ「富士守稲荷社」のみが、滝沢林道（舗装路）のそばにひっそりと建つ。

滝沢林道を左に回り込み、交差する石段を下っていく。道端にあるいくつもの空き地は、登山者が足を休めた山小屋があった跡地だ。かつて富士の五合目より上は聖地とされ、山小屋の建設も容易に許可されなかった。そのため、早朝のご来光を天地境（森林限界）で眺めたい参詣者のために、五合目直下に山小屋が集中した。江戸中期までは18軒もの山小屋が軒を連ねていたそうだが、それ以降、信仰観の緩和とともに規制も緩んだため、4軒を残して五合目より上に移転したといわれる。

初めに出現する「不動小屋跡」は江戸時代に建てられた山小屋で、その名の通り不動明王が祀られていたらしい。道を下ると「たばこ屋跡」「天地界館跡」など、かつての山小屋跡地が続々と現れる。２０１１年以前は中宮や三合目付近に何軒かの廃屋が残っていたが、東日本大地震の際に倒壊し、世界遺産登録前に撤去されてしまった。

一方、さらに下った四合五勺には、山小屋「井上館」の建物が今もなお残っている。小屋の近くには「御座石」と呼ばれる岩があり、かつてはこの上に御座石浅間と日本武尊命《やまとたけるのみこと》の小祠が祀られていた。付近は長谷川角行の修行の場ともいわれ、辺りには今も多くの富士講の石碑が立ち並んでいる。江戸期、富士山は女人禁制とされ、女性は二合目までしか登ることが許されなかったが、60年に一度の富士山御縁年（庚申年）にはここ四合五勺まで登ることができたという。

四合目の「大黒天」にたどり着くと、足元には深い紫色をしたヤマトリカブトの花が咲いていた。トリカブトは日本三大毒草の一つとして有名だ。花の形が舞楽で用いられた烏帽子《えぼし》（兜）の形に似ていることからその名が付いた。「花」といっても、花弁のように見える紫色の部分は5枚の萼《がく》で、その中に2枚の花弁が隠れている。

この複雑な造形には訳がある。トリカブトの花に誘われたマルハナバチは、手前の萼に着地して、花弁の奥へともぐりこむ。この時、ちょうど雄しべと雌しべがハチの体に触れるような配置になっているため、トリカブトは効率的に受粉することができるのだ。ちなみに、マルハナバチはトリカブトの蜜を吸っても死ぬことはない。植物は子孫を残すため、昆虫は蜜や花粉を独占するために共進化したと考えられている。

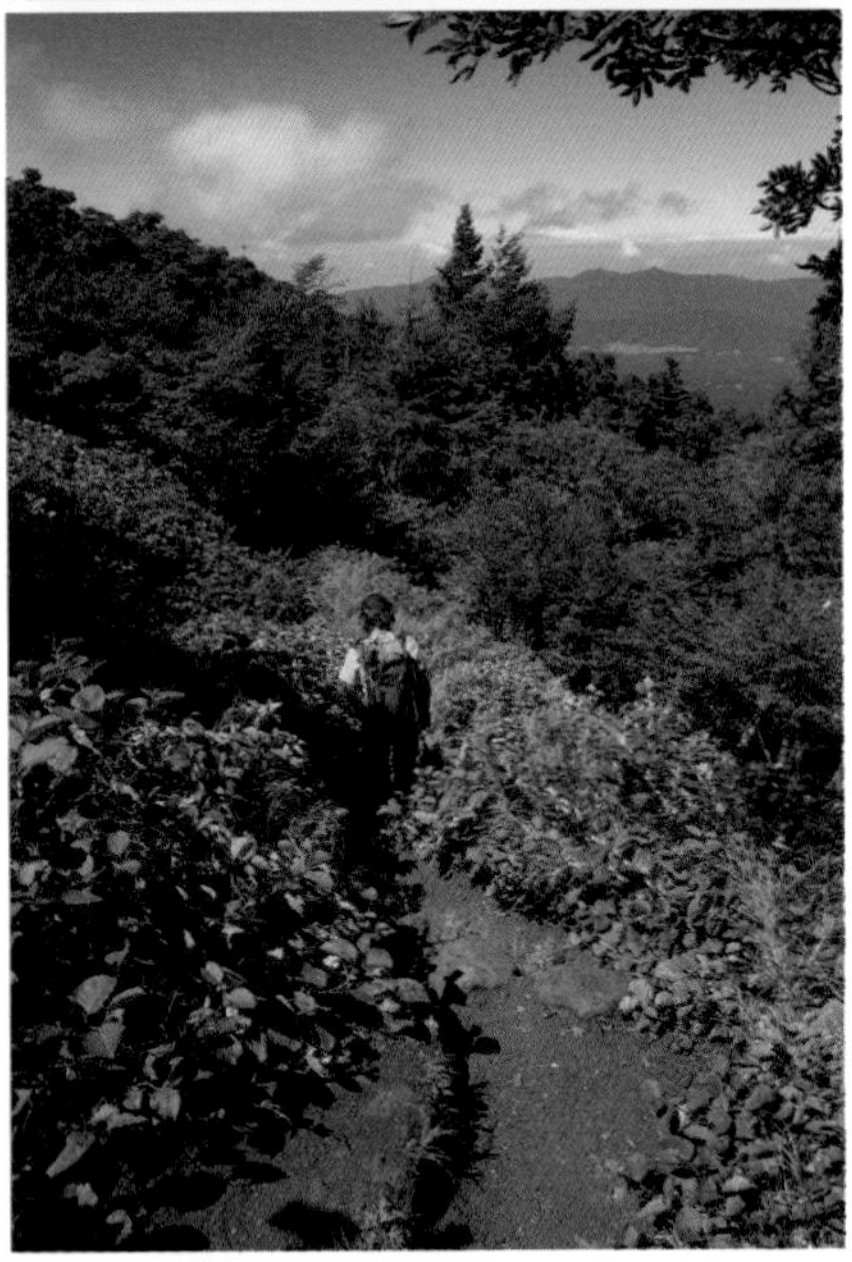

（上）佐藤小屋は冬でも営業をする唯一の山小屋
（下）小屋を過ぎると下山が始まる

四合五勺の井上館。今は営業していない

随所に刻まれた聖地への祈り

修験者が置いた木札

(上)ヤマトリカブトとマルハナバチ
(下)イタドリの種を頬張るヒメネズミ

神が降り立つ石「御座石」。日本橋の刻印がある

女人天上へ向かう途中にある
涸れ沢

三合目の中食堂跡

さて、ここからは間隔の長い木階段のつづら折りが続き、ほどなく三合目に到着する。古くは「中食堂」とも呼ばれる場所だが、これは麓からの登山者の多くがこの辺りで昼食を取ったことから名づけられた。かつてここには三軒の茶屋があり、現存する当時の写真からも賑わう様子がうかがえる。広く開けた平場のため、現在も昼食を取るのにうってつけの地だ。

女人が密かに訪れた遥拝所へ寄り道

さらに二合目へと向かい、坂を下っていくが、その前に少し寄り道をしよう。細野林道との交差を東へ８００ｍほど進むと道標が見えてきた。その横の木階段を登ると、森林が切り開かれた小さな丘の頂に出る。ここは富士山遥拝所「女人天上」だ。南を望むと、富士山の頂が木々の上からわずかに頭をのぞかせている。

先述の通り、富士山は明治4年（１８７１）まで女人禁制だったため、女性は二合目の御室浅間神社までしか登拝できなかった。しかし、木々に覆われた二合目からは富士山と朝日を拝むことができなかったため、女性たちはこっそりとこの場を訪れて富士を拝んだという。

ところで江戸末期、女人禁制を掻い潜って富士山登頂に成功した「高山たつ」という女性がいた。実践道徳や男女平等を説く富士講の師である小谷三志らの登拝に、男装をして紛れ込み登頂を果たしたという。厳罰を覚悟し、身を挺して男女平等を願った彼女の行動力には感服する。

道に戻って二合目に至ると、冨士御室浅間神社が祀られている。河口湖畔の冨士御室浅間神社（里宮）の山宮にあたり、富士山に最初に勧請《かんじょう》された神社ともいわれる。本殿は昭和47年（１９７２）に里宮に移築され、現在は拝殿のみ

かつて女性たちが富士を拝んだ「女人天上」

御室浅間神社の拝殿は
倒壊している

（上）二合目の石仏群
（下）御室浅間神社本殿

が残っている。私がガイドを始めた23年前は建屋の中まで参拝できたが、現在は倒壊寸前で立ち入り禁止だ。境内に立ち並ぶ苔むした石碑群が、登山道を行き交う今昔の人々を静かに見守っている。

周囲を囲む木々はすっかり山地帯の植生になり、ナラの葉を通した木漏れ日がとても気持ち良い。一合五勺には戦後に建てられた小屋の跡地があった。その名も「レッキス小屋」跡。レッキスとは昭和初期に流行した乳酸菌飲料のことだ。栄養豊富なドリンクは、当時の登山者のエネルギー源になったのだろうか。現在は生産されていないが、代わりに市販の乳酸菌飲料を飲みながら歩いても楽しいかもしれない。

その先、一合目には鈴原社と呼ばれる神社が鎮座する。かつては大日社とも呼ばれ、大日如来が祀られていた。神社に仏教の如来が祀られているのは、平安初期に始まる神仏習合の信仰に由来する。富士山の浅間大明神は大日如来の化身であると考え、登拝者に富士の仏を知らしめるために安置されたものだ。

ここからまっすぐ下に伸びる参道が元々の登山道である。周辺を歩いていると、稀に江戸期の貨幣・寛永通宝を見つけることがある。当時、賽銭として納められたものなのだろうか。こうした遺物からは実際に登山道を歩いた人の〝匂い〟が感じられて心が躍る。

一合目に鎮座する鈴原社

苔むした石碑を愛でながら

富士山の神の遣い猿

馬返しの石碑群

旧登山道と並行して現行の登山道を進むと、すぐに馬返しの鳥居に到着する。ここでは狛犬ならぬ、2体の猿の石像が出迎えてくれる。庚申《かのえさる》の年に富士山が突如、湧き出るように一夜にして出現したという伝説から、猿を富士山の遣《つか》いとして考えるようになったという。

さて、鳥居をくぐれば本日のゴール「馬返し」だ。この地点から上は道が険しくなるため、登山者は乗ってきた馬を返したことからその名が付いた。かつては4軒の茶屋が軒を連ねていたそうだが、今は近年復活した「大文司屋」のみが季節限定で営業をしている。辺りは植林の影響で森となっているが、明治末期の写真を見ると草原が広がっており、当時の人々はまさにここから聖地が始まるといった思いを持ったことだろう。古の登拝者の想いや当時の風景を想像しながら、歴史散策を堪能してほしいコースだ。

馬返しの鳥居をくぐってゴール

COURSE 13 GEZANMAP

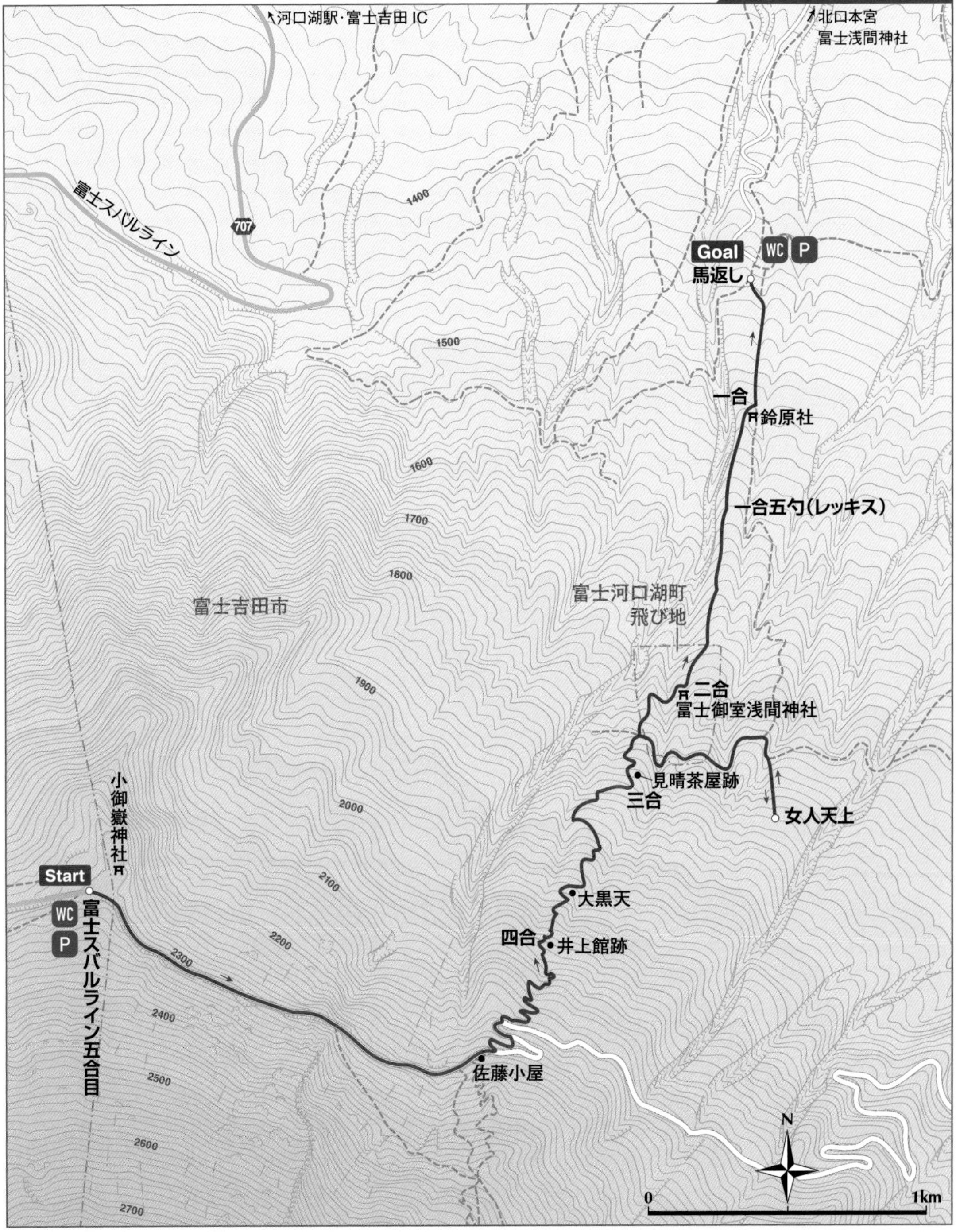

コースタイム

富士スバルライン五合目
↓ 30分
佐藤小屋
↓ 25分
井上館跡
↓ 25分
見晴茶屋跡
↓ 20分
女人天上
↓ 60分
馬返し

吉田口五合目～御庭・奥庭

距離／約8km　時間／約2時間　行程／片道下り

雄大な富士を望む御中道ハイキング

カラマツの黄葉が美しい10月の奥庭

コケモモに彩られた信仰の道を歩く

富士山の中腹をぐるりと1周する「御中道」は、かつて富士山に三度登った者しか通ることを許されなかった神聖な道。現在は大沢崩れがこの道を分断しているため、通行できるのはその一部だが、信仰の歴史や森林限界付近の自然、そして何といっても雄大な富士山を楽しめるルートとして人気を集めている。

今回は吉田口の富士スバルライン五合目から御中道を西に進んで御庭・奥庭を目指す。歩き始めは起伏がほとんどない富士山体のトラバースだ。一部に石畳が敷かれていて歩きやすく、カラマツやシラビソ、ダケカンバの森林帯が次々に現れる道中は、景観が変化に富んでいて楽しい。

林床にはそこかしこにコケモモが大きな群落を形成している。夏には薄桃色の可憐な花を付け、秋には真っ赤な実が濃緑の絨毯に彩を添える植物だ。辺りには獣道が何本も伸び

富士スバルライン五合目から続く御中道

ていることからも、テンなどの哺乳類にとって大切な食料になっていることが分かる。テンは雑食だが、比較的植物食が強いため糞の中にコケモモの種や皮が多く混ざっている。歩いていると、小石の上に乗った彼らの糞を見かけることもしばしば。あえて石の上にすることで、自分の縄張りを主張しているのだ。

御中道のハイキングは、森林と礫地を繰り返しながらの横移動となる。礫地では巨大な堰堤をいくつも目にする。これは多発する雪崩をコントロールするために設けられているものだ。さすがにこの付近には、大きな樹木の姿はない。礫地にはオノエイタドリ、オンタデ、フジハタザオといった草本類が小さなコロニーを形成している。イタドリ、オンタデは不安定な礫地に太く力強い根を深く張ることで生き残る道を選んだ。一方、フジハタザオは細い根を地表面に浅く張ることで、礫の移動に合わせて自らも移動し、安定した場所を探して定着するという生き方を選択した。

見事なコケモモの群落

２０１５年に発生した大雪崩によって、この辺りの植生は一変した。カラマツの森は文字通りの大打撃を受け、今では立ち枯れた白化木が何本か残っているばかりだ。一方、ここに光明を見出したのがコケモモで、日当たりのよくなった林床には翌年、大量の実が鈴生りになった。それぞれの生き物が厳しい環境に適応しながら、懸命に生き延びている姿には感動を覚えずにいられない。

３kmほど歩き、山側の小高い丘を巻くように進むとあずま屋が見えてくる。背後には噴火口の巨大な窪みも見える。手前の小高い丘は、この噴火口の噴出物が堆積してできたスコリア丘だ。火口周辺は強い熱にさらされるため、溶岩石の表面の鉄分が酸化して赤銅色になる。富士山は黒色の玄武岩ばかりというイメージがあるが、実は驚くほど色彩豊かだ。

この辺りは「御庭・奥庭火口列」と呼ばれ、２３００年前から現在に至るまでの火山活動期に誕生した、比較的新しい火口群である。中でも御庭奥庭噴火の第２期に当たる火口列は約３・５kmに渡って火口が連なり、ここから大量のマグマが噴き出ていたと思うとちょっとした興奮を覚える。

噴火口を横目に半舗装の遊歩道を進むと、ニッキのような甘い香りが漂ってくる。ミヤマハンノキの匂いだ。この木は食害から若芽を守るため、虫の嫌がる匂いを出すが、私にはとても魅惑的な香りに感じられる。

驚きの生命力

雪の重みに耐えながら生長するダケカンバ

MINI COURSE

シラビソの森を抜け奥庭荘で一服

さらに行くと御庭山荘跡があった。かつて営業していた山荘の跡地で、廃屋が残っていた頃は御中道の栄えていた時代を伝える遺構として親しまれていた。その建物も2011年の震災時に完全に倒壊してしまったため、今は石積みが残るばかりだ。背後には雄大な富士山がそびえ立っている。この山荘で寝泊まりした登山者も、きっとこの絶景を堪能したことだろう。ここからはゴールまで長い下り道となる。下りの石畳は小石が散在し、スリップしやすいので慎重に足を進めたい。

この辺りは標高2300m付近。噴火の影響も色濃く残る上に、崩落地となる谷が多いため、森林がまだそれほど高い地点まで侵出していない。強風を直接受ける上部のカラマツは、風下となる東側に向けて旗状に枝を伸ばしている。風に成長を阻害されるため、周囲の木々の背丈も低い。

道を下れば下るほど、反比例するように周囲の木々の背丈は高くなっていく。コーナー

枯れた古木が厳しい自然環境を物語る

（上）御中道から眺める雲海
（下）御庭・奥庭火口列のスパター丘

を何本か曲がった先には、人間の背丈をはるかに超えるシラビソの高木林が待ち受けていた。林床はイワダレゴケ、クジャクゴケ、セイタカスギゴケなど、亜高山帯を代表するコケたちに覆われ、自然が織り成す絨毯に心を奪われる。

シラビソの純森を抜けると、富士スバルラインと交差する。車の往来に気を付けて横断し、奥庭へと足を進めると奥庭荘が見えてくる。アットホームな雰囲気の山小屋で、このルートを歩く時は決まってここで「鍋焼きうどん」を食べるのが私の密かな楽しみである。名物のコケモモジュースもオススメだ。ここには水場もあるため、野鳥たちにとっても欠かせない休憩所となっている。

ここ奥庭は富士に暮らす天狗が遊びに訪れたという言い伝えから「天狗のお庭」と呼ばれている。第1期の御庭奥庭噴火の火口の周辺にはカラマツ、シラビソ、ハクサンシャクナゲが自生し、足元にはコケモモ、ベニバナイチヤクソウなどの可憐な花が咲く。風光明媚な景観と雄大な富士山の絶景が、四季を通して目を楽しませてくれるスポットだ。

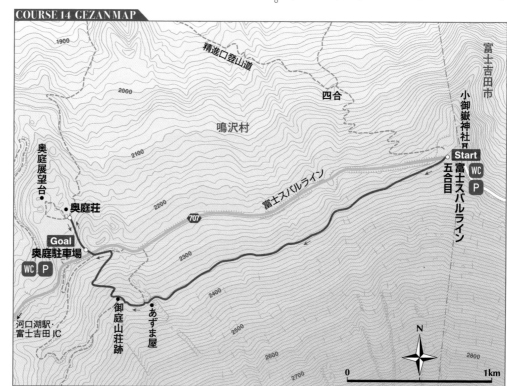

COURSE 14 GEZANMAP

奥庭荘の鍋焼きうどんは筆者の大好物

コースタイム

富士スバルライン五合目 ← 60分 → あずま屋 ← 40分 → 奥庭荘 ← 15分 → 奥庭駐車場

奥庭～樹海台駐車場

距離／約8㎞　時間／約2時間　行程／片道下り

後世に残したい美しい自然のトレイル

倒木も多く、自然そのままの登山道

日に美しく輝くホソバミズゴケの群落

今回は「⑭吉田口五合目～御庭・奥庭」で紹介しているコースの続きである。奥庭から富士スバルラインと並行して伸びる登山道を下る。奥庭駐車場から、まずは山小屋の奥庭荘へ。登山道はこの小屋の右側を抜けていく。木々の枝が空を覆う細い登山道は、まるで森のトンネルのようだ。

300mほど歩くと左手側に視界が開け、岩塊が折り重なるように堆積した場所が見えてきた。これも火口列の一部である。振り返ると富士山頂がそびえ立つようにこちらを見下ろしている。ここを過ぎるとしばらく富士山とはお別れとなる。

この辺りではハクサンシャクナゲの木を多く目にする。7月中頃になると薄桃色の大きな集合花が一斉に咲き乱れ、濃緑の森に文字通り花を添える。シャクナゲは虫媒花だが、寒冷地では虫との出会いも少ないため、花を集めてアピールするのだ。毎年2m以上の積雪があるこの地では、樹高2m程度のシャクナゲはすっかり雪の中に埋まってしまう。常

7月頃に花をつけるハクサンシャクナゲ

美しいコケに注目！

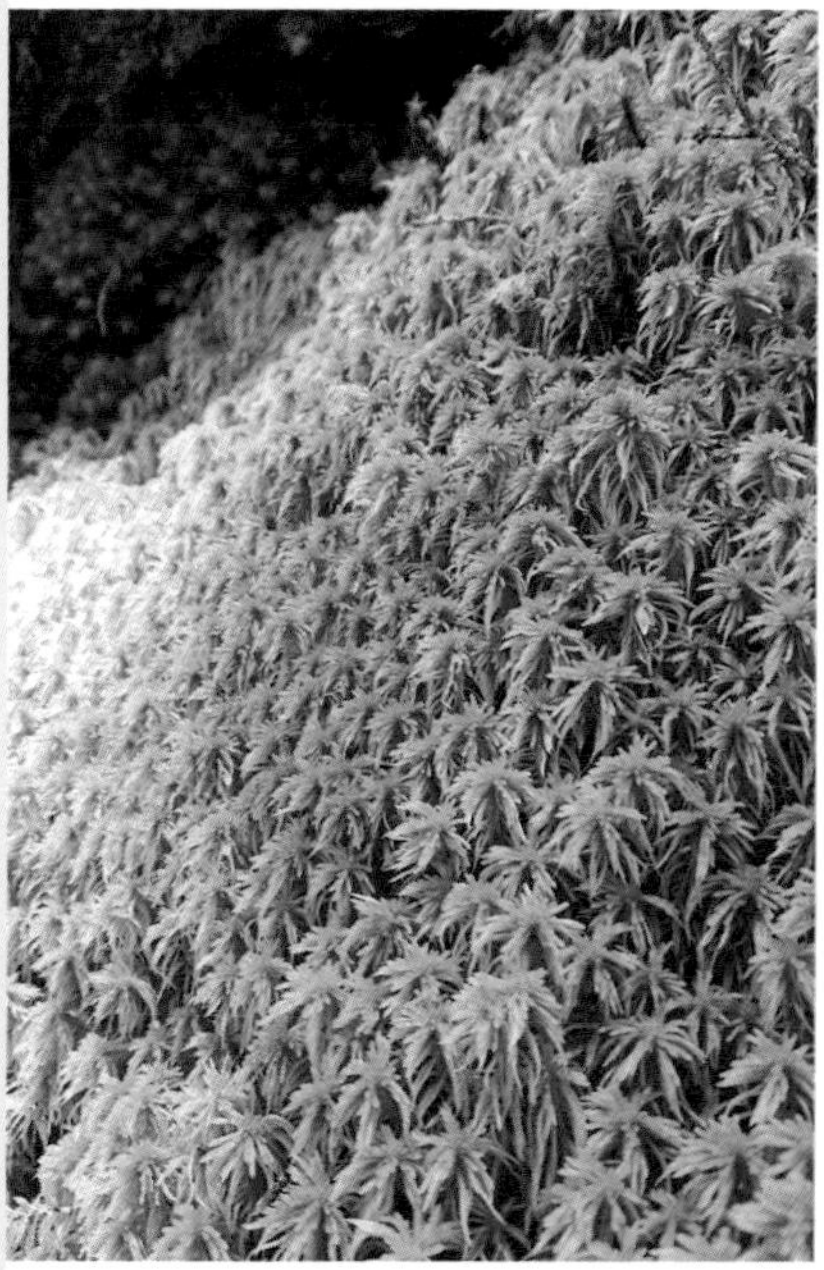

亜高山帯の貴婦人・ホソバミズゴケの群落

地衣類のサルオガセが幹を覆う

緑広葉樹であるハクサンシャクナゲは春になるまで、雪の中で葉を筒状にたたみ、酷寒の季節を耐えるのだ。

　森のところどころで、まるでサンタクロースの髭のようなものが木の枝から垂れている。サルオガセだ。亜高山帯の樹木に付着する地衣類で、藻類と菌類の組み合わせによってさまざまな種類が生まれる。光合成でエネルギーを作り、空気中から窒素を栄養として取り込んで生きているという点は、いわば日本版のエアープランツだ。

　この登山道の最大の魅力はコケにあると私は思う。登山道の隅に、ひときわ美しく光るホソバミズゴケの群落があった。スポンジ構造の植物体は、梅雨時から盛夏にかけて目いっぱい水をため込み、光を反射してエメラルドグリーンに輝いている。これを見るだけでも、ここに来た価値は十二分にある。さらに「屈曲点」には、一面のイワダレゴケが林床を覆っていて圧巻の一言。このコケは一年にたった一枚しか葉が増えないため、このフワフワとした地面が出来上がるまでには、気の遠くなるような歳月がかかったことだろう。決して足を踏み入れることなく、登山道からこの美しい命の営みを見守ってほしい。

　他にもシモフリゴケ、フトゴケ、ダチョウゴケ、ムツデチョウチンゴケ、セイタカスギゴケ、エゾチョウチンゴケ、タマゴケ……。コケマニアを感涙させる絶景がこれでもかと続く。日本のコケ三大の聖地として知られる北八ヶ岳・奥入瀬渓流・屋久島に勝るとも劣らない富士山のコケの聖地である。個人的にはあまり知られたくはないので、本書を読んだ方だけにひっそりと楽しんでもらいたいというのが本音である。

急斜面を越えて
かつての富士登山の起点へ

　初夏から初秋にかけては、野生ランとの出会いも楽しみの一つだ。キソチドリ、イチヨウラン、ミヤマフタバラン、ミヤマモジズリなど、多くの野生ランがコケの絨毯の上に可憐な花を咲かせる。昨今では盗掘被害によって数を減らしている野生ラン。いつまでもこの地が、美しい花たちとの出会いの場であり続けて欲しい。

　この先、しばらくはシラビソの森が続く。人の往来が少ないこのトレイルで以前、2mはあろうかという大きな雄鹿に出会ったことがある。森が開けた場所で草を食《は》んでいた鹿は、私の存在に気が付いたものの、ゆっくりと首を上げて一瞥をくれただけで、何もなかったようにまた草を食みだした。あまりにも堂々としたその姿を前に、私は一歩も動けなかった。結局、鹿は一度もこちらを振り返ることなくゆっくりと森の奥に消えていったのだが、まるで森の神のような佇《たたず》まいがとても印象的だった。

　途中、風に倒れた樹木が折り重なるように道をふさいでいた。幹回りが60cmを超えるよ

妖艶な姿のイチヨウラン

ひっそりとしたシラビソの天然林

うな大木がバタバタと倒れている場所もある。これほどの木を倒す風の力とはいったいどれほどの強さなのかと、ここを通るたびにいつも驚く。道が分かりにくくなっているため、進行方向を確認しながら東側の斜面に沿って進むとよい。

コース終盤は斜度がきつい下り坂が200mほど続く。この難所をクリアすれば旧三合目である。広く開削されたこの場所は以前、バスのロータリーとして利用されており、富士登山の起点として現在の五合目のような役割を果たしていた。精進口登山道との分岐にもなっているため、スタートの富士スバルライン五合目に向けて登り返すこともできる。ロータリーを巻くように進んだ先、車止めを抜けて現在のバス停を目指す。富士スバルラインを500mほど下れば、ゴールの三合目「樹海台駐車場」にたどり着く。

信仰の聖地として人によって守られてきた自然と、人があまり立ち入らなくなったことで残されてきた自然。これらを後世につなげていけるかどうかは、今を生きる我々の関わり方にかかっている。いつまでもこのしいトレイルを歩けることを願ってやまない。

COURSE 15 GEZAN MAP

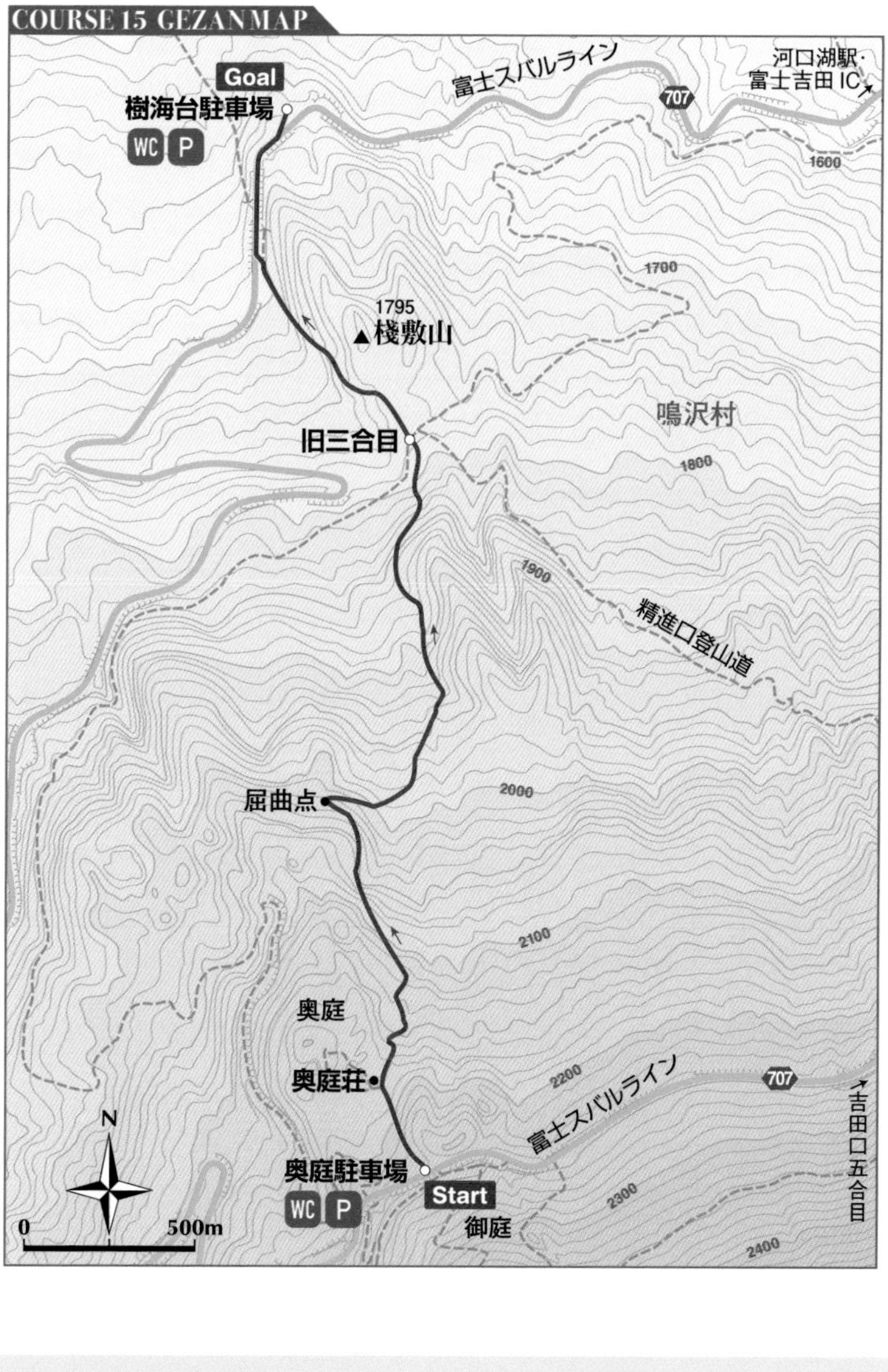

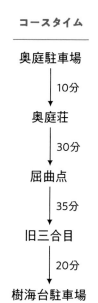

コースタイム

奥庭駐車場
↓ 10分
奥庭荘
↓ 30分
屈曲点
↓ 35分
旧三合目
↓ 20分
樹海台駐車場

距離／約８km　時間／約１時間40分　行程／片道下り

亜高山帯の自然を目いっぱい楽しむ

苔むした大地とカラマツの天然林

小御嶽神社に参拝し、カラマツが広がる森へ

麓から富士スバルライン五合目へと続くルートは3つある。吉田口登山道、奥庭経由の道、そして精進口登山道だ。ここでは自然豊かで心地よい下山が楽しめる精進口のコースを紹介したい。

スタートは富士スバルライン五合目駐車場。下山を始める前に富士山小御嶽《こみたけ》神社へ参拝しよう。小御嶽神社の祭神は富士山の主祭神である木花開耶姫命《このはなさくやひめのみこと》の姉に当たる磐長姫命《いわながひめのみこと》である。また、この地は富士の大天狗によって切り開かれたという言い伝えから、天狗の支配する土地とされ、大天狗の巨大な斧や剣などが奉納されている。

そもそも小御嶽（小御岳）とは現在の富士山（新富士）が生成される遥か以前の10万年以上前に活動を停止した富士山の基礎となった火山で、現在の富士山はこうした過去の火山に覆いかぶさるように高く積み上がっていった。小御岳の突き出た部分は、当時の山頂に当たる。ここから仰ぎ見る富士山頂は格別で、十数万年の地球の営みが生み出した光

五合目にある小御嶽神社

倒壊した四合目小屋跡

氷穴火口列の一部

景だと思うと、ここに神が祀られたのも納得できる。

参拝を済ませたら精進口下山を始めよう。一般車両駐車場の間にある、道案内板がスタートの目印だ。シャクナゲとカラマツが茂る登山道は広く、所々に石畳が敷かれて歩きやすい。四合目まで下ると、倒壊した廃屋が見えてくる。ここの見どころは、道を挟んで反対側にある氷穴火口列。裾野に向かって、苔むしたいくつかの火口が並んでいる。登山道脇にある深さ5mほどの竪穴を覗き込むと、鳥居のような木枠が置かれた小さな入り口が見える。おそらくかつては信仰の対象とされた場所なのだろう。近くに小屋があるのもその名残と推測される。当時の賑わいを想像しつつ、静かに手を合わせてその場に後にした。

低木層にはシャクナゲの木が目立つ。富士山に自生するハクサンシャクナゲは、マイナス20℃の厳冬期でも葉を落とさずに大きな常緑葉を保つことができる、寒さに非常に強い種だ。寒くなると葉を内側にカールさせることで、乾燥や凍結、紫外線

ハクサンシャクナゲの実

登山道横には堆積した噴出物が

から身を守る術を身に付けている。そして春になって雪が融けると、葉は再び開いて光合成を始めるのだ。7月になると美しい大輪の花をつけるが、その裏側にはこうした強《したた》かな戦略があることも覚えておきたい。

噴出物とコケの道
香りいっぱいのシラビソも

道の両脇を見ると、噴出物が露わになった場所がいくつもあった。大小さまざまな黒色のスコリアが厚く堆積していて、当時の噴火の大きさが感じられる。標高１９００ｍ付近に多く見られる噴出物で、同じ地層の直下から9～10世紀頃の陶器が出土しているため、承平7年（９３７）に発生した噴火による噴出物だと考えられている。精進口登山道は、この時に流出した剣丸尾溶岩流や火砕丘の噴出物の上を歩いていることになる。

途中、雪代による沢が登山道に流れ込んでいる箇所があった。周辺のスコリアを大量に運んできたため、登山道の一部が破壊され、迂回路が作られている。案内板が設置されているので、それに従って回り込んで進もう。

足元のコケも、この道の大きな魅力の一つだ。周囲に広がるカラマツ林の林床を、亜高山帯の代表種・イワダレゴケが覆い、まるで黄緑色の絨毯が敷き詰められているかのようだ。亜高山帯のコケはとても美しい。特にホソバミズゴケがスポンジ状の葉にあふれんばかりの水を含み、光り輝く姿はため息が出るほどだ。他にもセイタカスギゴケ、タマゴケ、ダチョウゴケなどのコケが目に留まる度に、思わず足が止まってしまう。

この辺りのカラマツ林は「やまなしの森林１００選」や農水省の「特別母樹林」にも指定されており、学術参考林としても価値があるそうだ。実際、高山帯である２６００ｍ付近までカラマツが森林を形成している例は

亜高山を代表するコケの一種・イワダレゴケ

貴重なカラマツ林であることを示す看板も

少ない。秋にはきっと見事な黄葉が見られることだろう。

しばらく下るとカラマツ林は、次第にシラビソを中心とした植生へと変わっていく。シラビソの香りが森いっぱいに広がりとても心地よい。登山道の傍らに幹の直径が1mはありそうなカツラの大樹が立っていた。長年に渡って行き交う登山者を見守ってきたであろうその姿からは、神々しさすら感じられる。

道沿いに進んでいけば、まもなく旧三合目に到着である。標高1786m、開けた大きなロータリーを回り込み、桟敷山の山すそを700mほど進んで富士スバルラインに出る。走行車に気を付けつつ樹海台駐車場までたどり着けばゴール。標高差約500m、亜高山帯の自然を楽しみ、歴史文化の痕跡に想いを馳せられる良コースだった。

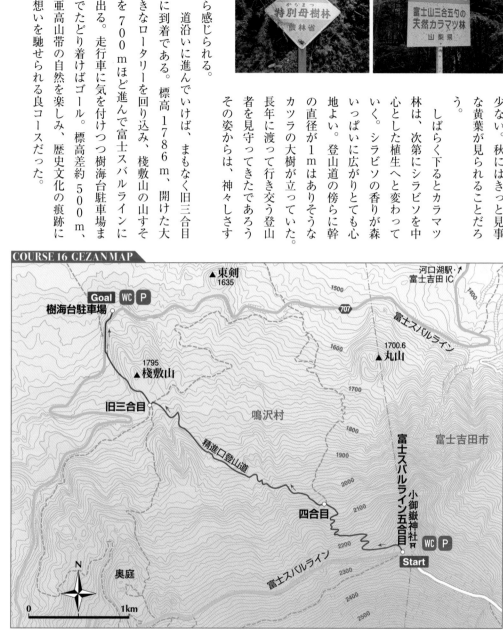

COURSE 16 GEZANMAP

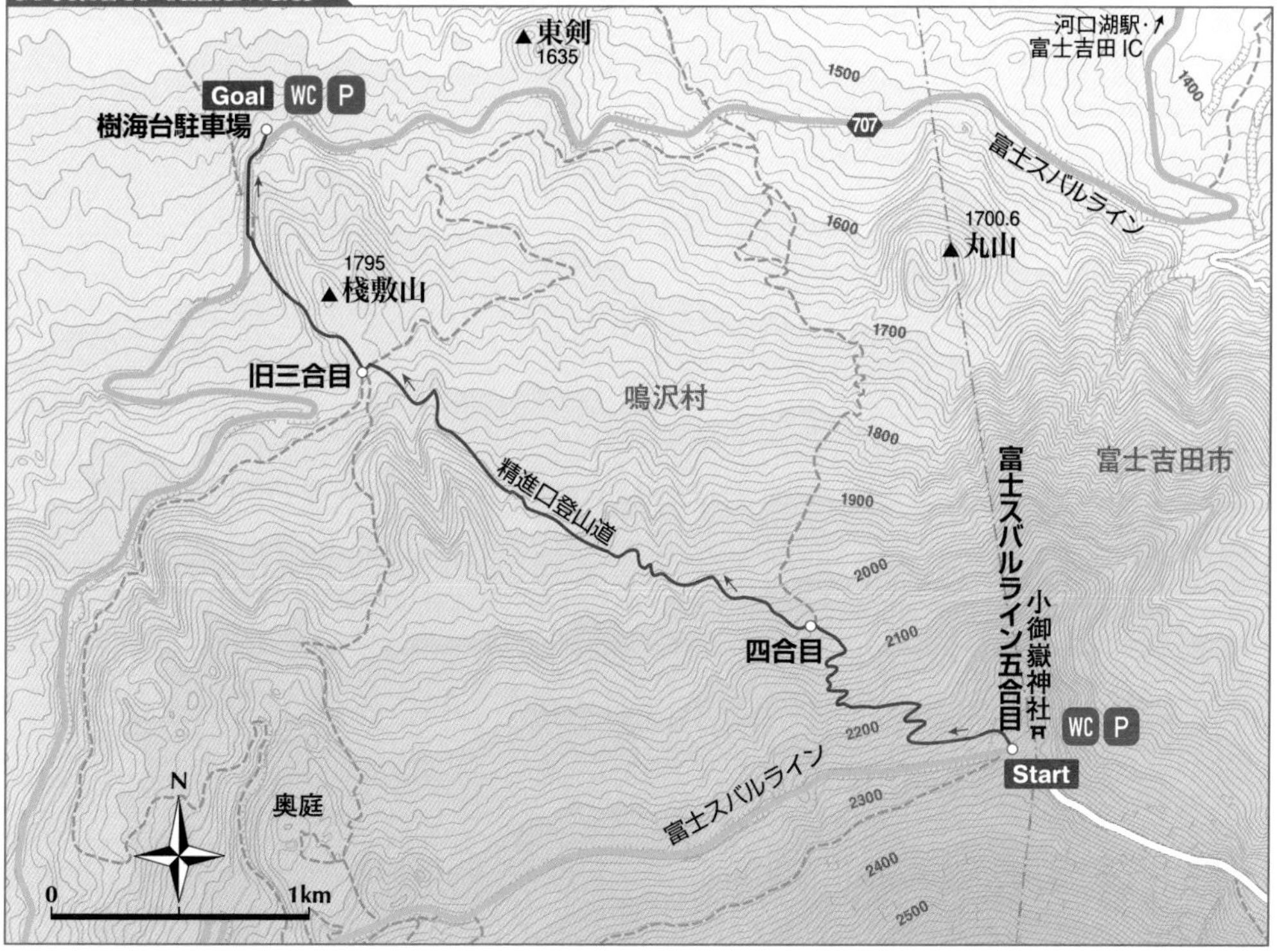

カツラの大樹

コースタイム

富士スバルライン五合目
← 30分
四合目
← 50分
旧三合目
← 20分
樹海台駐車場

17

青木ヶ原樹海縦断

距離／約15㎞　時間／約2時間　行程／片道下り

樹海の始まりを示す巨大な噴火口に向かう

青木ヶ原樹海といえば誰もが一度は耳にしたことのある地名だと思うが、どこからどこまでがその範囲なのかを答えられる人は案外少ない。一見、富士山麓に広がる森林一帯を指すようにも思われがちだが、実は明確な境が存在する。

貞観6年（864）、富士山の北麓で後に貞観大噴火と呼ばれる噴火が発生した。この噴火は標高1450〜1300m付近に複数の噴火口を作り、扇状に流れて広がった溶岩は約35㎢もの大地をおよそ2年に渡って焼き尽くした。一般的に「青木ヶ原樹海」と呼ばれるのは、この溶岩が冷えて固まり、その上に植物が根を張って作られた森のことを指す。

当初は貧栄養、水不足に加え、強い紫外線にさらされる厳しい環境ゆえに、適応できた植物は限られていただろう。多くの植物が侵出を試み、発生と消滅を繰り返しながら土壌を作り、森を育てていったのだ。自然の選択と適応に叶った者だけが生命をつないで作り上げた、まだまだ若い森だ。

今回のコースは、そんな樹海の始まりを示す噴火口からスタートしたい。天神峠から精進口登山道を15分ほど登り、右手側の笹藪をかき分けると巨大な穴がぽっかりと口を開けている。荒々しく

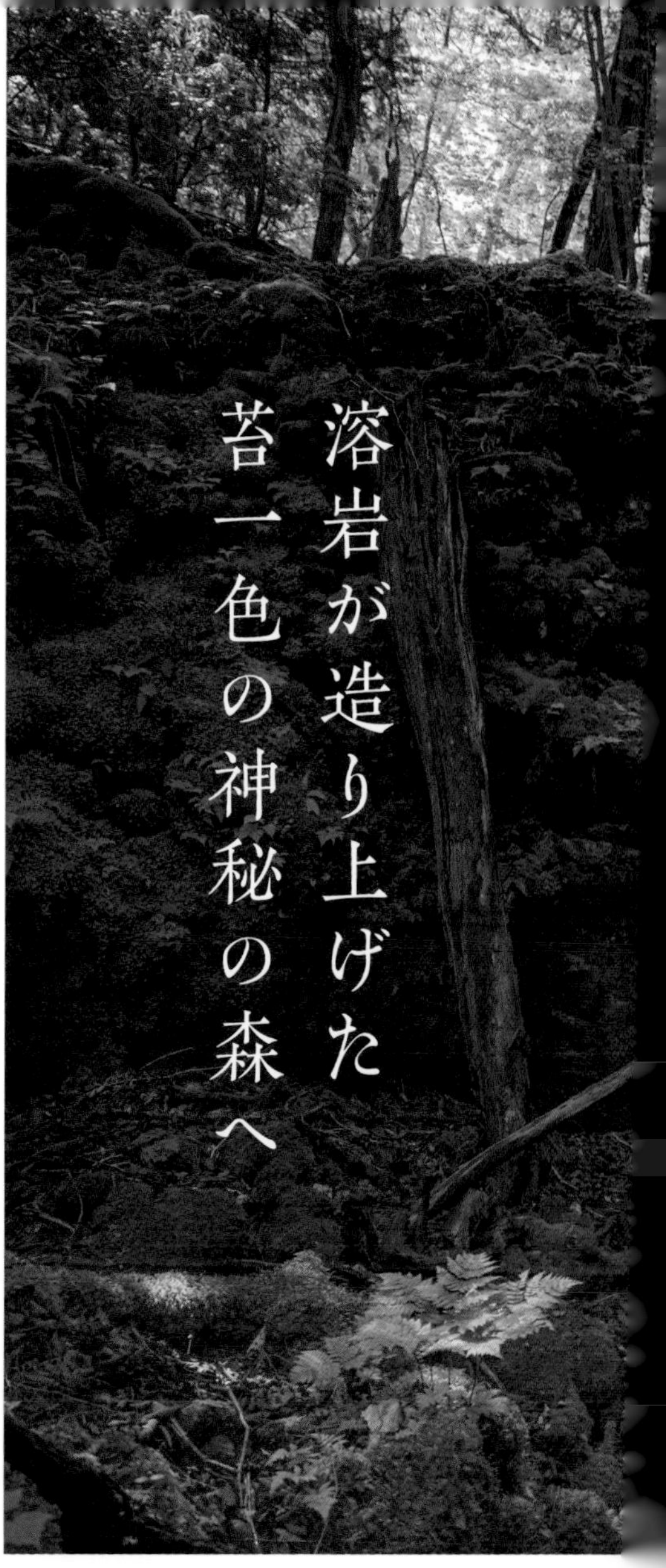

溶岩が造り上げた苔一色の神秘の森へ

青木ヶ原樹海始まりの地である氷穴火口列

溶岩が露出した様は一見、火山洞窟のようにも見える。

貞永の大噴火の際、富士山の山体に南北約1kmにわたる亀裂が生じ、マグマが噴き出した。これらは氷穴火口列と呼ばれ、現在も巨大火口の連なりが残っている。火口の縁から巨大な穴を見下ろすと、地球が持つエネルギーの大きさを感じずにはいられない。ここから青木ヶ原樹海縦断の下山トレッキングを始めよう。

この辺りは、精進口登山道の二合目の下に位置する。亜高山帯と山地帯の境目であり、溶岩流に燃やされなかった登山道の東側にはモミ、シラビソ、カラマツといった針葉樹が広がる。ダケカンバやブナ、ミズナラの大木や動物たちの痕跡、野鳥の鳴き声も多く確認できる多様な森林帯だ。

ちなみにこの火口列から上には貞観噴火の溶岩が流れなかったため、さらに古いブナ林が広がっている。噴火がなければ、おそらくこの辺りにもブナ林が広がっていたのだろう。度重なる噴火によって、富士山の多様な自然が生み出されたともいえる。

左手側に見える大きな広場「一合目小屋跡」を過ぎ、林道鳴沢-富士宮線を横断して再び登山道へ。周囲はヒノキの植林帯となる。ここ精進口登山道は大正13年（1924）に開削され、富士山では最も新しく整備された登山道だ。林業作業道としての要素が強く、青木ヶ原樹海の天然林とヒノキなどの人工林が混在している。

堆積物の高さからも、すさまじい量の溶岩が流れ出したことが分かる

鳥の声が響き渡る林道を行く

溶岩流の上に立つ木々の根

土の少ない樹海では
倒木が多い

道の東側の斜面には長尾山と呼ばれる側火山が見える。青木ヶ原溶岩流の大部分を占める溶岩を、2年間にわたり断続的に噴出したのがこの火口である。長尾山の噴火口は液状マグマを大量に流し出す「ハワイ式噴火」と、火山礫や小さな火山軽石などを噴き出す「ストロンボリ式噴火」が同時に発生し、火口の周囲に堆積した噴出物が小山（側火山）を作り上げたと考えられる。登山道沿いから火口を望むことはできないが、青木ヶ原樹海の始まりの地である。

途中、植林された若い人工林の周辺には風倒木も多い。歩く方からすればやっかいだが、木が倒れることで道の陽当たりが良くなり、モミジイチゴやニガイチゴなどが群生しやすくなる。初夏にはおいしい果実が味わえると考えれば、多少の歩きにくさも許せてしまう。

むき出しの岩盤から溶岩流の変遷をたどる

広大な青木ヶ原樹海には、季節ごとに多くの鳥たちが飛来する。取材当日は夏鳥であるツツドリ（カッコウの仲間）のさえずりが森の奥から盛んに聞こえた。天然林と人工林の混交林が作り出す自然の多様さもあり、過去の調査によると富士山周辺登山道の中で最も多くの鳥類が確認されている。季節の自然を楽しめる最適なルートといえる。

人工林のエリアを抜けるとツガ、ヒノキを中心とする樹海らしい森が広がる。本州中央部の標高1000m付近で森が形成される時、最初に極相を迎える樹木がアカマツやツガだ。極相とは植物群落の遷移が進み切り、植生がほとんど変わらなくなった安定状態を指す。

前述した長尾山の噴火によって、この辺り一帯はマグマに覆われ、荒廃地となった。その後、冷えた溶岩台地の上をパイオニアと呼ばれる植物群が侵出し、次第にツガの森が形成された。寿命を迎え、倒木となったツガは長い年月をかけて腐り、栄養価の乏しい溶岩台地の上に有機物を供給する。ツガは漢字で書くと「栂」。最初に繁栄した後、次の樹木へと森の主役を譲っていく、文字通り「母」ともいうべき存在なのだ。周囲の光景からも、樹海は今、ツガからヒノキの森へと変わる過渡期にあることがうかがえる。

樹海といえば、苔むした地面、あまたの倒木、中でもむき出しになった樹木の根が印象深い。樹海の大地は厚さ130mにも及ぶ溶岩層で覆われており、土はその上にわずか数cmほど堆積しているに過ぎない。そのため、樹木は満足に根を張ることができず、地上に浮き出る形で大地にしがみつくしかないのだ。不安定な木は風に煽られれば容易に倒れ、樹海特有の光景を作り出す。

しばらく進むと、道の両側に切り立った岩盤が見えてきた。この登山道を開削した時に削ったものと思われる。よく見ると、上部と下部で岩盤の層の模様が異なっている。これは流れてきた溶岩が冷えて固まった後、その上をさらに別の溶岩が流れたことを示している。幾重にも重なった層からは、溶岩が断続的に流れ、大地を覆っていった過程がうかがい知れる。

当時は辺りを焼き尽くした溶岩も、今ではモフモフとしたコケに覆われている。まさにモスグリーン一色といったところだが、このコケが樹海の広大な森を支えている存在といっても過言ではない。なぜならコケの持つ保水力こそが、この栄養不足な土地で森の生態系を維持するためには欠かせないからだ。

空から降ってきた雨粒は、樹木の葉に受け止められ、小枝に向かって滑り落ちる。そして、枝の付け根でいくつもの雨粒が合流し、樹皮の溝を通って根本へと流れ落ちていく。この水は流れる過程の中で、溝に溜まっていた昆虫の糞や死骸、ホコリなどを溶かし込むので元の雨水よりもはるかに栄養豊富だ。根元に広がるコケは、この栄養満点の水の流出を防ぐ役割がある。コケにしてみれば、樹木の根元にいた方が効率的に水分を得ることができる。利己的に生きるそれぞれの生命が、実は密接につながって現在の状態が保たれている

人間の背丈を超える厚い
岩盤。流れ下る溶岩を想
像するとその迫力に圧倒
される

地下からの冷気がある場所では、ホソバミズゴケのような亜高山帯の植物が局所的に育つ

溶岩が流れなかった場所には見事な落葉樹林が

朽ち木に生えるキノコも循環を助ける存在

わけだ。ここに自然の美しさがあると、私は思う。この〝勝手に生まれるつながり〟に携われない生命は、いずれ淘汰されていく。自然は必然なのだ。

道端にはホソバミズゴケの姿があった。亜高山帯のような涼しいエリアによく見られるコケだが、なぜこんなところに生えているのだろう。実は樹海の溶岩台地には多くの隙間や空洞が存在し、そこからかすかな冷気が噴き出している。このわずかな環境の変化を、このホソバミズゴケは目ざとく見つけ、自らの繁殖地としたのだ。周囲に同種のコケがまったくないことから考えると、コケの胞子は我々の想像を超える範囲で地球上を飛び交っているのだろう。

生命の営みが感じられる古い落葉広葉樹帯へ

さらに進むと、エゾハルゼミの鳴き声も聞こえてきた。「ミョーキン、ミョーキン、ヒラヒラヒラ」。透明感のあるなんとも涼しげな鳴き声だ。するとさっきまでの針葉樹林帯とは打って変わり、ブナ、ミズナラ、カエデといった落葉広葉樹の森が視界に広がり始めた。ゴツゴツとした溶岩台地も姿を消し、木々はその根を地面にしっかりと張っている。ここは樹海のど真ん中、にもかかわらず土があるのだ。

まるで森の主のような、ブナの大木

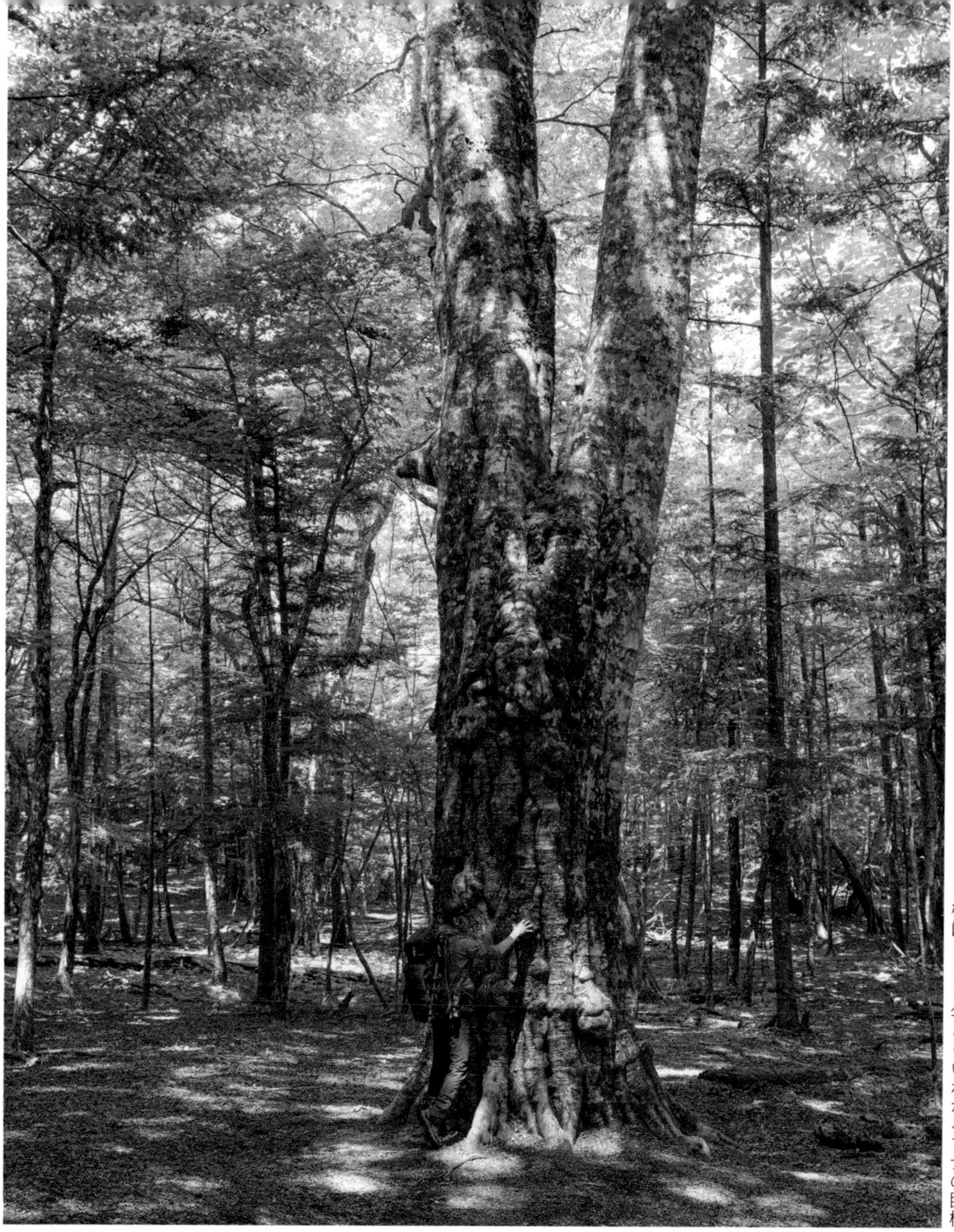

樹齢３００年ともいわれるブナの巨樹

貞観大噴火の際、長尾山の溶岩流は北に向かって富士山を流れ降りた。だが、前方に大きな側火山・大室山があったため、溶岩は山を回避するように東の裾野を巻いて流れた。ここはその、溶岩に飲み込まれなかった大室山の裾野に位置する。ブナやミズナラが豊富なのは、ここが貞観噴火よりもはるか以前に形成された古い森である証拠だ。当然、土も豊富にあり、幼虫期を土の中で過ごすエゾハルゼミの生息地にもなっている。

ここでは、ブナの大木にも出会える。推定樹齢３００〜３５０年ともいわれるので、江戸時代からこの地の変化を見続けてきたわけだ。新緑の季節は若葉越しに淡い黄緑色の光が降り注ぎ、秋にはたくさんの実を落として動物たちの越冬を助ける。ブナは6年に一度の周期で大豊作の年を迎えるといわれ、その年は森のネズミたちも食糧豊富となるため一気に個体数を増やす。ところが翌年は凶作となるため、増えすぎたネズミは生命力が強いものを除き、次々と命を落としていく。ネズミはこうして強い遺伝子を後世につなぎ、今日の繁栄を築いたといわれる。

このブナの巨木の２００ｍほど西には、大きな倒木がある。私が富士山でガイドをはじめた２００１年の春にはこの木はまだ健在だった。おそらく、その年の夏に襲来した台風で倒されたのだろう。大木の多くは、土中から入り込む木材

分解者であるキノコは、むしろ森の土壌を作るキノオヤ（木の親）だ

コウヤノマンネングサとカサゴケ

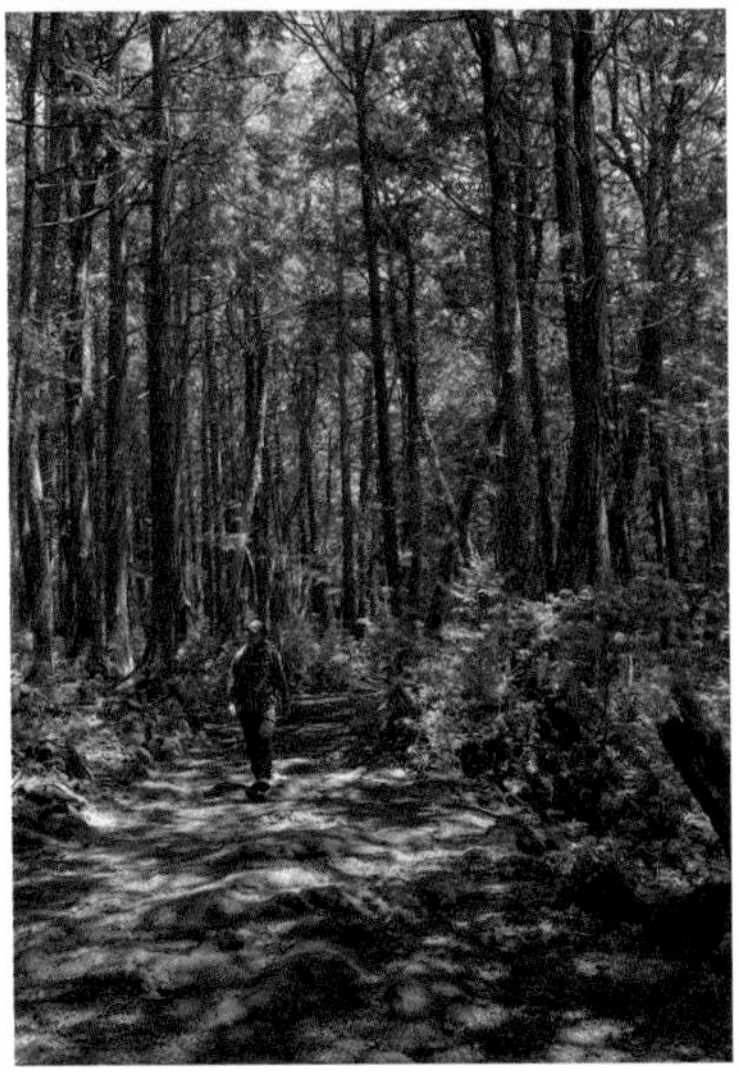

（上）大樹が倒れ、森に光が降り注ぐ。自然において死は最も利他的な活動といえる
（左）精進口登山道は大正時代に開削された新しい道で歩きやすい

腐朽菌によって徐々に芯部が腐食していく。大木に洞《うろ》があるのはこのためだ。腐食が進行した樹木はやがて強風に耐えられなくなり、寿命を迎えて倒れていく。

　倒木の表面にはコケや多くのキノコが付着し、一部は土に変わっている。日本の気候において、土が1㎝堆積するには100年の歳月を要するという。この木がすべて土に帰るには、気の遠くなるような年月がかかるのだろう。巨大な木が倒れたおかげで、ここだけ日光がよく当たり、林床一帯は光を巡って草木が競うように生い茂っている。木は死んでもなお、土となり、光を運び、次の生命を育む。森は命の集合体であることを、改めて思い知らされる光景だ。

　ブナの森を後にすれば、ゴールはもう間近。何かと暗いイメージを持たれがちな青木ヶ原樹海だが、実際に足を運べばその印象は大きく変わる。今日まで命をつないできた自然の営みを、ぜひ五感で体感してほしい。

COURSE 17 GEZANMAP

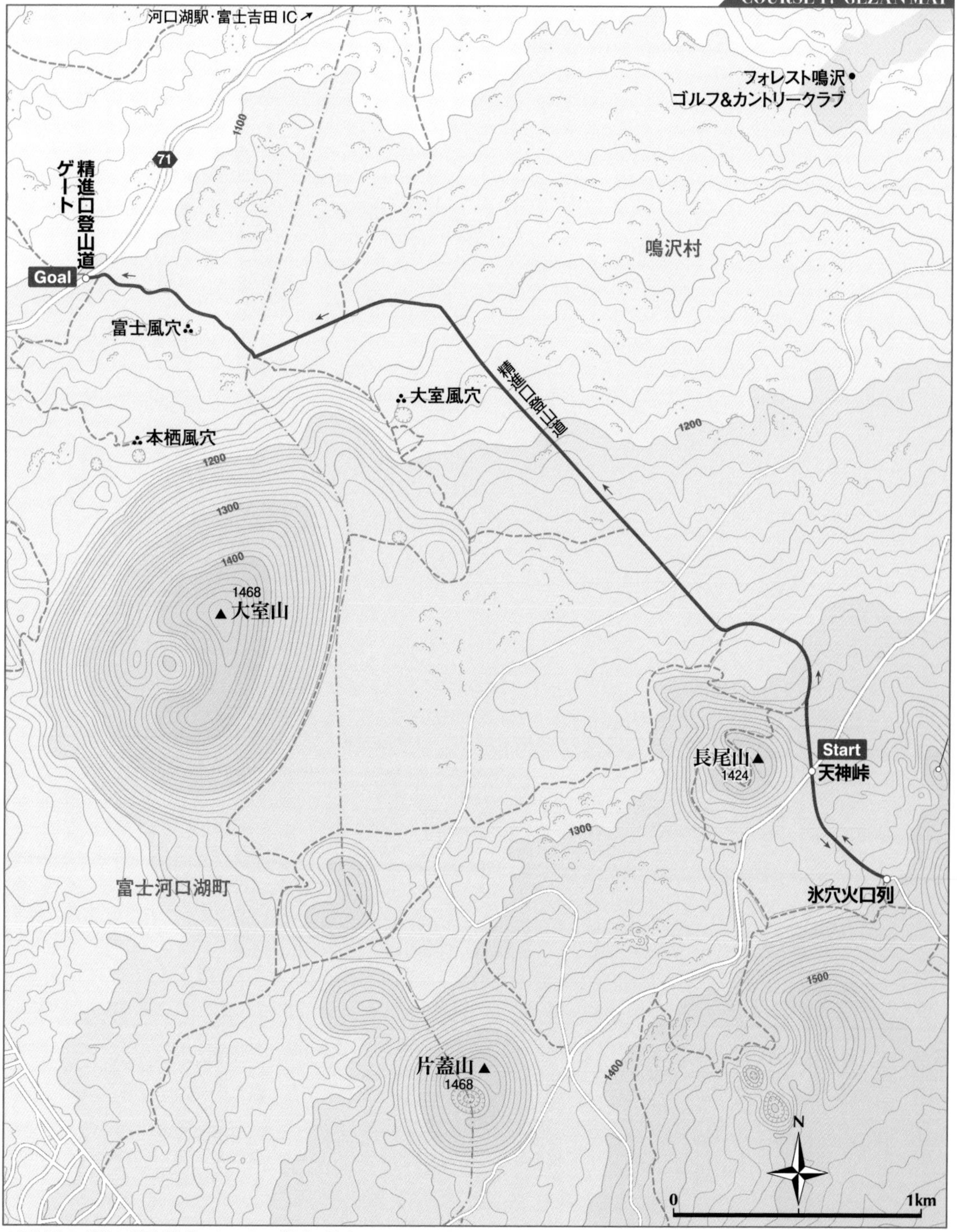

※天神峠・精進口登山道ゲートともに付近に駐車スペースあり

天神峠へのアクセス／富士吉田 IC 方面から国道 139 号「天神山入口」交差点を左折、突き当りを右折して約 5 分

精進口登山ゲートへのアクセス／富士吉田 IC 方面から国道 139 号「ひばりが丘」交差点を左折、県道 71 号沿い

コースタイム

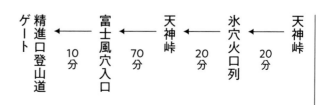

天神峠 ← 20分 → 氷穴火口列 ← 20分 → 天神峠 ← 70分 → 富士風穴入口 ← 10分 → 精進口登山道ゲート

距離／約15㎞　時間／約3時間25分　行程／片道下り

溶岩で分断された三湖に思いを馳せる

土が少ない樹海では根が地上を這う

左右で異なる景観の道 謎の溶岩石塁も

青木ヶ原樹海は富士山北麓に広がる35㎢にも及ぶ富士山最大の天然林だ。平安期の貞観大噴火の際、標高1450～1300m付近に連なる複数の火口から流れ出した溶岩は「せの海」と呼ばれる大きな湖に到達し、冷え固まることでその流れが止まった。湖の一部を埋め尽くしながら幾重にも重なって注ぎ込んだ溶岩が、大きな湖を分断したことによって、西湖・精進湖が形成されたのだ。先の噴火ですでに分断されていた本栖湖にも溶岩流は到達し、現在の三湖の形が作られたという。

今回のルートは本栖湖に到達した溶岩流の末端をスタートし、青木ヶ原樹海を横断しながらゴールの富岳風穴を目指す。樹海の自然を堪能できるトレッキングコースである。

本栖湖は最大水深121・6m。富士五湖で最も深いだけではなく、透明度が最大20mにも及び、「富士の宝石」の異名を持つほど美しい湖だ。溶岩流の突端に立ち、遠くにそびえる富士山を眺めると、当時、いかに大量

本栖湖に流れ込んだ溶岩流は迫力満点

紫外線が強いエリアではアカマツが優占種となる

のマグマが流出したのかがよく分かる。

湖畔のトレイルは、アカマツを中心とした明るい森が続く。木々の間から見える群青色の湖面が、太陽光を反射してキラキラと輝いていた。広い開放水面は紫外線を集めやすく、周辺にも強い光が降り注ぐため、湖の周りには紫外線に強いアカマツが優占種となる。

精進湖方面に進み、国道３００号を横断すると再び青木ヶ原樹海への入り口が見えてくる。森の様子は今までの明るいアカマツ林から、ヒノキを中心とする暗い森に変化する。苔むした溶岩、剥き出しの根、倒木が目立つ、いわゆる青木ヶ原樹海らしい姿だ。

トレイルは左に大きく曲がり、最初の分岐に差し掛かると左側の斜面と右側の地質に大きな変化が現れる。足元には隆起によってできた山の泥岩、青木ヶ原樹海を作った溶岩の二種類の岩石が混在する。流れてきた溶岩流がこの山にぶつかって流れを変えたのだ。それに沿って植生にも明らかな変化が見られる。現在は植林地となった左側斜面に対し、右側の森は樹海の植生にカエデなどが加わった混交林となっている。植林される以前のこの地は、落葉広葉樹が茂る山地だったのだろう。

しばらく進むと、人工的に積まれた石垣があった。この石垣は断続的に約2㎞に渡って続いている。「信玄築石」とも呼ばれる謎の

不思議な光景

樹海の境目。道を挟んで景観がまったく異なる

MINI COURSE

溶岩石塁である。武田信玄が国境防衛のために築いたとも、天正10年（１５８２）の天正壬午の乱の際に徳川方によって築かれたともいわれるが、獣を避ける猪垣や溶岩止めの石塁とする説もある。

左手側に見える山は「本栖城」と呼ばれた山城の跡地。この地は甲斐と駿河を結ぶ中道往還が通っていて、武田信玄、織田信長、徳川家康も重視した交通の要衝だった。城山への登り口は国道１３９号との交差ポイントのすぐ手前にあるので、興味のある方は登ってみるのも面白い。竪堀やのろし台の跡を見ることができる。

（右）歴史ロマンがあふれる信玄築石
（左）信玄の戦城とされる本栖城への登山口

陥没孔に立つ孤高のツガの大樹

かつては湖だった 御殿庭の森を行く

アンダーパスをくぐり国道１３９号を渡る。ツガ、ヒノキに混ざって独特な形状をした大きなアカマツがそびえ立つように何本も見られる。この辺りはすでにアカマツ林からツガ・ヒノキ帯への遷移が進んでおり、淘汰を生き延びたアカマツは大木となってその存在感を見せつけているようだ。

国道１３９号沿いに東海自然歩道を１km ほど進むと、城山からの種子が多く入り込んだ明るい森が現れる。春はミツバツツジやヤマツツジが美しい花を咲かせ、夏は広葉樹の鮮やかな緑の葉、秋にはカエデが見事な紅葉で私たちの目を楽しませてくれる。青木ヶ原樹海では数少ない四季の移り変わりを感じられるエリアだ。

トレイルは「精進湖民宿村」内の舗装路を経由して再び樹海へと続く。丸太階段を昇降した先に大きな陥没孔とひときわ目を引くツガの巨樹があった。陥没孔はマグマの中で発生したガスだまりの空洞の天井が崩れ落ちてできたくぼみで、底には崩れた天井部分の大きな溶岩石がゴロゴロと折り重なっている。不安定で貧栄養な陥没孔の中ではあまり樹木は育たない。だからこそ、この場所に落ちた小さなツガの種は、偶然つかんだわずかな好条件を最大限に生かし、競争相手のいないこの地で大きく枝を伸ばして生長することができたのだろう。

精進口登山道との交差点を越え、国道から離れると樹海内は静かになる。森林には騒音を減衰させる働きがあるという。音のエネルギーが木の葉や枝、幹に遮られることで失われるためだ。風がそよぐ音、鳥たちのさえずりなどの自然の音のみが心地よく耳に届いてくる。

精進湖民宿村からおよそ1時間、再び車の音が近づいてくる。ここから先は国道沿いのトレイルが続くので、所どころにある脇道からすぐに国道の歩道にエスケープすることも可能だ。まもなくすると、ゴールの富岳風穴に到着する。

精進湖民宿村付近から富岳風穴付近までは御殿庭《ごてんにわ》と呼ばれる平坦な地形が広がっており、貞観大噴火の溶岩流が到達するまでは湖の中だったと考えられている。今、踏みしめている溶岩流の下に当時の湖の底を形成していた土壌があり、本栖湖・精進湖・西湖の三湖は今でも地下でつながっているのだ。その証拠に三湖の水面の高さはそろって約９００ｍとなっており、水位の変化も同時に起きることが分かっている。

もしタイムスリップできるのなら、巨大な「せの湖」と、そこに流れ込む溶岩流が湖を分断していく様を直接見てみたい。そんな思いを抱かせてくれる、神秘的なコースだった。

溶岩を掴むように生える樹海の木々。強い生命力を感じる

精進口登山道との交差点

COURSE 18 GEZANMAP

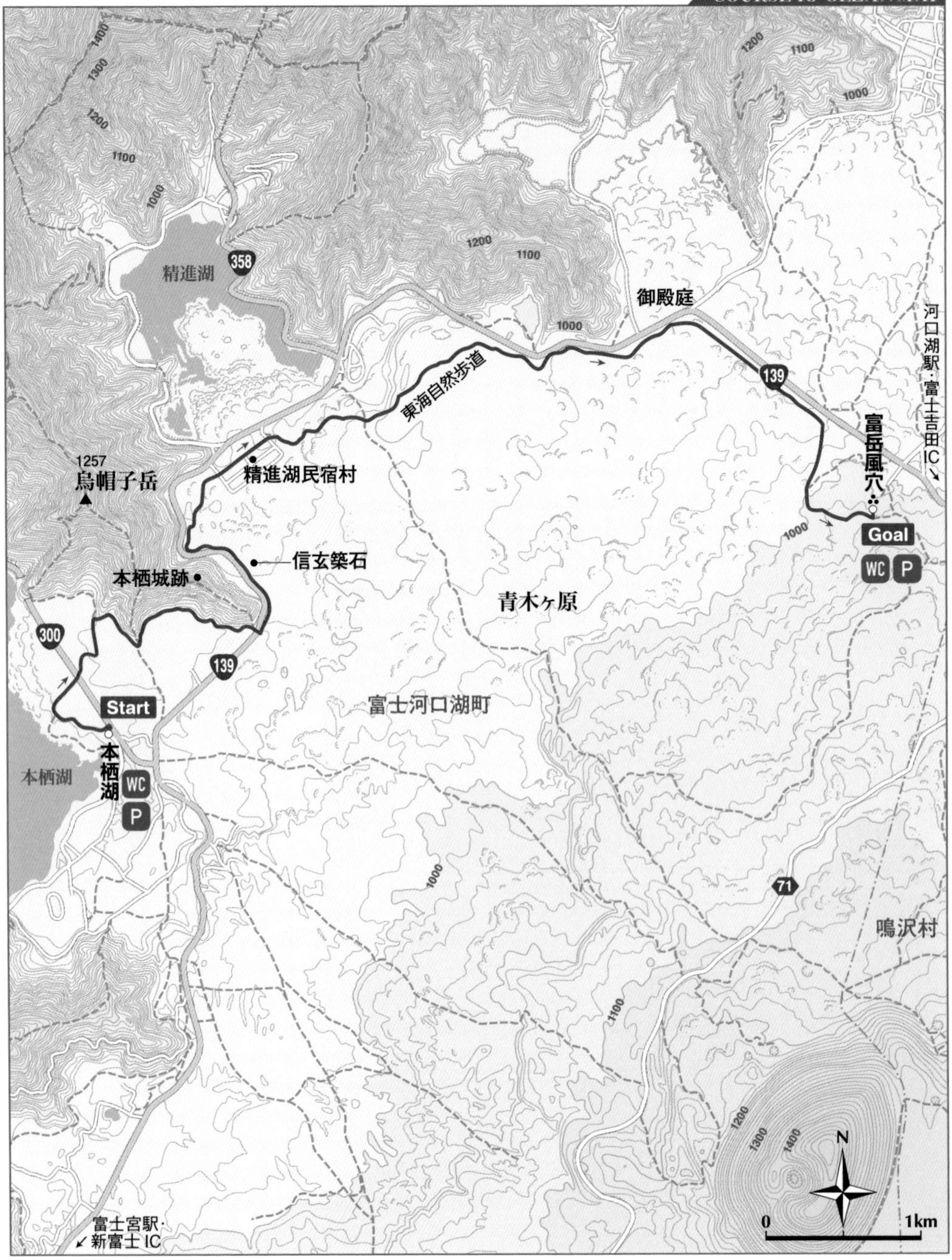

コースタイム

本栖湖
↓ 45分
信玄築石
↓ 30分
精進湖民宿村
↓ 130分
富岳風穴

森の中に忽然と現れる
巨大な洞口

富士風穴

美しい氷筍が連なる巨大な溶岩洞窟

青木ヶ原樹海にある富士風穴（Ｐ１１３）は、国の天然記念物に指定されている溶岩洞だ。見学するには自治体の許可が必要なため、本書では番外編としてその魅力を紹介したい。

溶岩洞とはその名の通り、溶岩によって作られた洞窟のこと。噴火によって地表に流れ出した溶岩は、外気に触れた表面から温度が下がり、固まり始める。だが、外気と接していない中の溶岩は熱いままなので、時に固まりかけた表面部を突き破って外へ流れ出していく。この時にできた空洞へ外気が流れ込み、内側の温度も冷やされた結果、チューブ型の洞窟が出来上がったのだ。洞窟の入口へと続く石積みを慎重に降りていくと、洞窟から流れ出る冷気によって周辺の温度が一気に下がる。ここは盛夏でも15℃程度、周囲には

1

2

3

亜高山帯に見られるコケを何種類も確認できる。

木製のハシゴを下りて洞窟の中に入ると、体感温度はさらに下がり、寒気すら感じる。当然、周囲は真っ暗。ライトを頼りに進むと、大小さまざまな「氷筍」が目に飛び込んでくる。天上からしたたり落ちる滴が地表面で氷結を繰り返し、タケノコ状に積み重なった自然の造形物だ。大きいものは2m近くにもなり、自然の造形美に思わず心を奪われる。

足元には多くの木片が散乱している。中には大きな丸太や車輪のような形をした人工物も多数ある。これはかつて行われていた「養蚕」の名残である。養蚕は明治期の日本にとって外貨獲得の貴重な手段であり、国内経済を支える一大産業だった。とりわけ、富士北麓は冷涼で農業に適さなかったこともあり、養蚕が盛んに取り組まれ、季節問わず冷気が漂う洞窟内は蚕がふかするタイミングを調節するための貯蔵庫として重宝された。足元の残骸は、いわば当時の産業遺構ともいうべきもので、かつては樹海と人との距離が近かったことがよく分かる。

洞窟の奥は地面がすべて氷で覆われ、天井の高さが10mを超えるホールのような空間になっている。洞窟の奥まで氷筍が連なる光景は、まさに地底世界の神秘だ。実は氷筍が最も大きくなるのは冬ではなく4月頃である。冬季は地上の雪が解けないため、地底に滴り落ちてくる水の量が少ない。雪解けとともに多気孔質の玄武岩溶岩の隙間からしみ出す水が、地底で再度冷やされ氷柱となり、その先端から落下した水滴が氷の上に落ちて氷筍を成長させていく。

だが、この20年間、富士風穴の氷の厚さは私の目算で150cmほど目減りしている。

２０１２年にはマイナス０・２℃だった最深部の平均気温も、２０２１年には２・３℃まで上昇した。地球温暖化の影響を考えざるを得ない。近年は冬から春にかけての気温上昇が激しいため、急激な温度上昇で大量の水が一気に洞窟内にしみ出すようになり、氷を穿つ一因となっている。

夏場のゲリラ豪雨による温かな雨水の流入も、窟内の気温上昇と氷の融解を早めている。岩の隙間で凍り付いていた水分が溶けることで、これまで固着していた天井や側壁の落盤も見られるようになった。圧倒的なエネルギーによって巨大な洞窟を生み出した自然も、わずかな気候の変化に対しては驚くほど繊細だ。そのことに、私たちはもっと目を向け、自然との接し方を考えていかなければならないと思う。

さて、探索を終えて洞窟を出る時には、ちょっとしたお楽しみがある。人間の目は暗闇の中で長時間過ごすとわずかな光にも敏感になるため、外に出て初めて目にする景色がとても色鮮やかに見えるのだ。久々に見る森の緑は、実に美しい。ほんの数秒しか味わえない、洞窟からのプレゼントである。

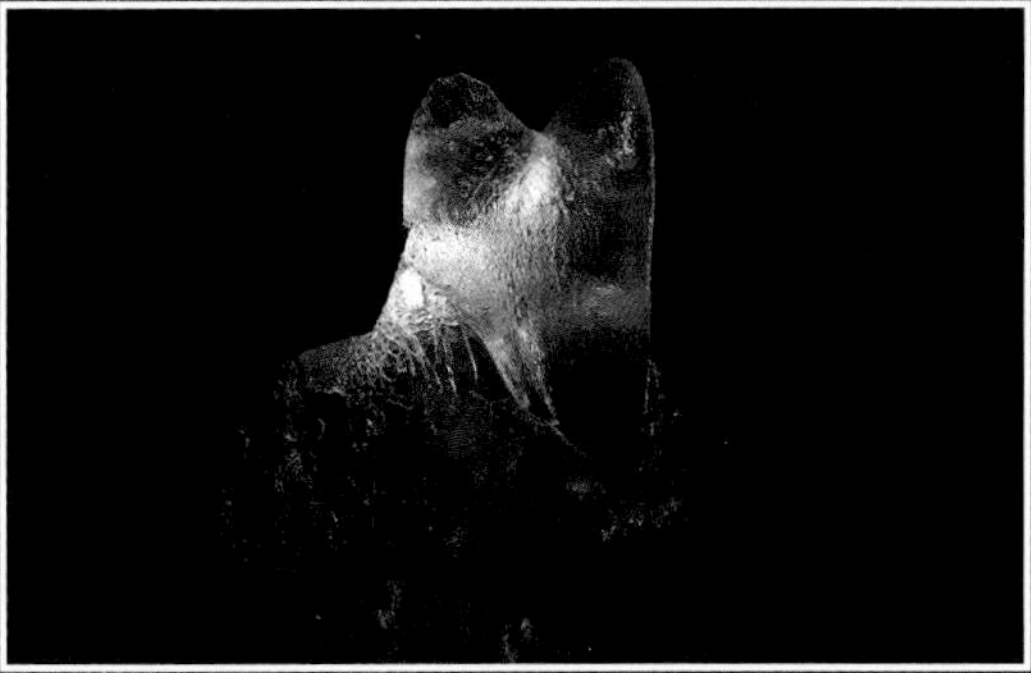

なんとも美しい…

4

1. 地底世界への入り口 2. 森の下に広がる地底空間 3. 養蚕に使われていた倒壊した小屋跡 4. 氷の筍と書いて「ひょうじゅん」 5. 最奥地の足元は全て氷

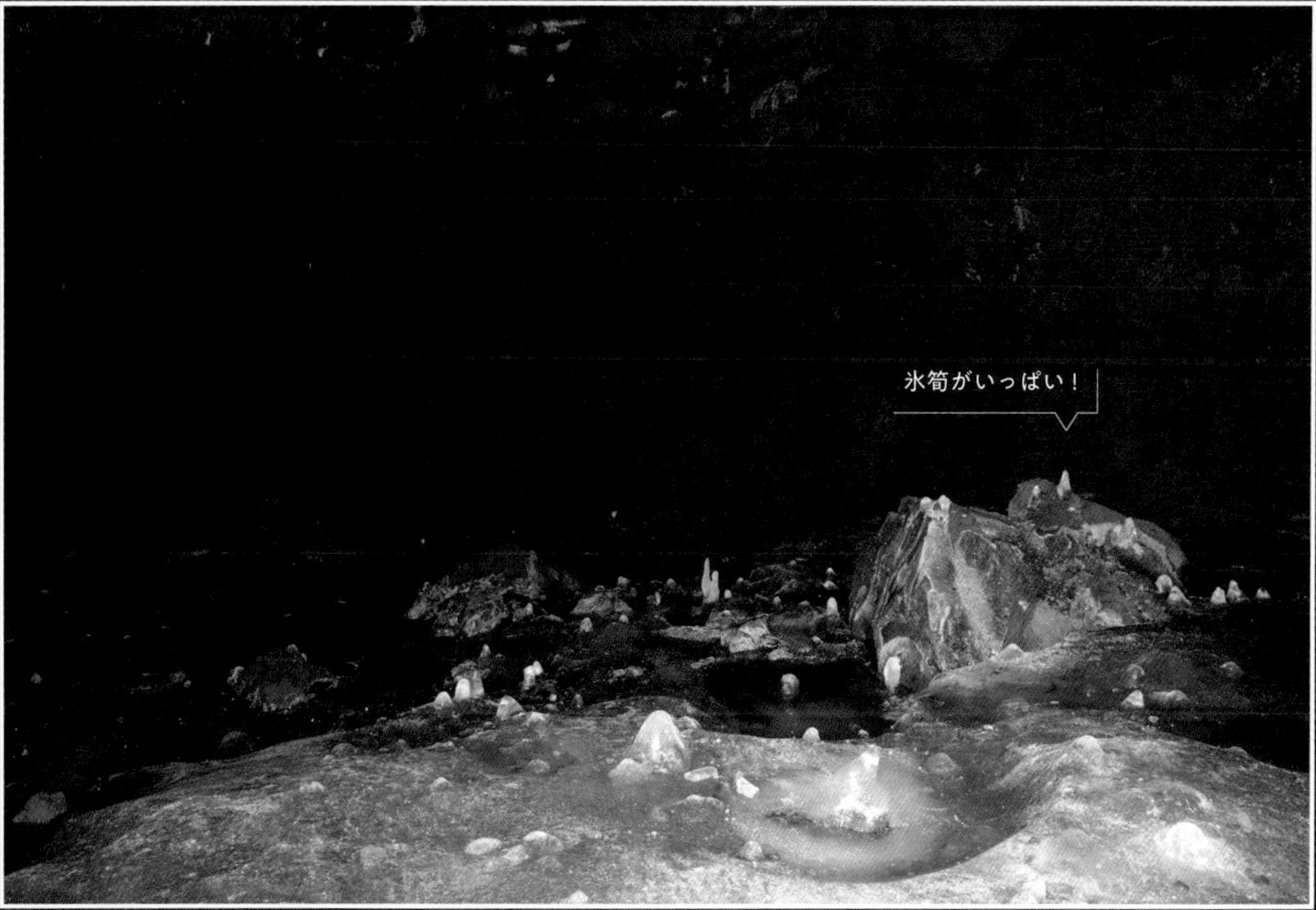

氷筍がいっぱい！

5

富士風穴

富士山麓の温泉

火山である富士山がもたらす恵みの一つに「温泉」がある。
ここでは下山帰りに立ち寄りたい施設を紹介する。

富士宮　新稲子川温泉ユー・トリオ

静岡県富士宮市上稲子 1219

硫黄泉と塩化物泉の二つの泉質を併せ持つ天然温泉。自然豊かな稲子川沿いにあり、せせらぎに癒やされる露天風呂のほか、ヒノキ風呂やサウナ、無料の足湯も併設している。

0544-66-0175
営／10：00 ～ 20：00（最終入館 18：30）
休／木曜（祝日の場合は翌日）
料金／1 日大人 820 円、小学生以下 510 円

御殿場　御胎内温泉健康センター

静岡県御殿場市印野 1380-25

開放感あふれる「富士見の湯」や地元産ヒノキを使った「富士檜の湯」、溶岩石で作られた「富士溶岩風呂」など 6 種の風呂がある。横になって浸かる「バイブラ湯」は気泡で体が包み込まれる。

0550-88-4126
営／10:00～21:00(受付終了は20:00)
休／火曜（祝日の場合は翌日）
料金／大人 600 円（土日祝 800 円）、3 歳～中学生 300 円（土日祝 400 円）※ 3 時間以内、延長可

裾野　ヘルシーパーク裾野

静岡県裾野市須山3408

正面に富士山が見える「ほうえいの湯」（女性は奇数日）や、サウナ棟や檜水風呂を併設する「ふじの湯」（女性は偶数日）がある温浴施設。弱アルカリ性の泉質は美肌効果に優れる。

055-965-1126
営／10：00 ～ 21：00（最終入館 20：30）
休／なし
料金／中学生以上 850 円、3 歳以上 350 円※ 3 時間以内、延長可

富士吉田　ふじやま温泉

山梨県富士吉田市新西原4-17-1

町屋造りを再現した情緒ある純木造浴室のほか、富士川の支流で取れる早川石を使った露天風呂や、富士山特有のバナジウム水を汲み上げた風呂などバラエティーに富んだ入浴が楽しめる。

0555-22-1126
営／10：00 ～ 23：00（最終入館 22：00）
休／不定
料金／中学生以上 1600 円（土日祝 2000 円）、3 歳以上 800 円（土日祝 1000 円）

用語解説

あ

アイゼン（あいぜん）／氷雪の上を歩く際に靴底につける滑り止めの金具。

青木ヶ原樹海（あおきがはらじゅかい）／富士山北麓に広がる天然林。貞観大噴火の際に流れ出た溶岩の上に形成された。

亜高山帯（あこうざんたい）／植物の垂直分布帯の一つ。本州中部地方では標高１５００～２５００ｍ。寒冷地のため低温・乾燥に強いシラビソ、コメツガ、カラマツなどの針葉樹が主に広がる。

安山岩（あんざんがん）／火山岩の一種。斜長石・角閃石・輝石などを含み、淡い灰色で石材によく使われる。富士山の前身である小御岳火山は多量の安山岩溶岩を噴出した。

磐長姫命（いわながひめのみこと）／日本神話に登場する女神で、木花開耶姫の姉。岩のように永遠の命を象徴する。

陰樹（いんじゅ）／弱い光でも繁殖し、日陰に耐えられる樹木。

馬返し（うまがえし）／道が険しくなり、乗ってきた馬を返して徒歩に切り替える地点。

馬の背（うまのせ）／尾根の両側が崖になっているところ。痩せ尾根。

大沢崩れ（おおさわくずれ）／富士山の西側斜面にある最大幅５００ｍ、深さ１５０ｍの巨大な谷。

御師（おし）／富士信仰の指導者。登拝を行う富士講信者に対し、宿泊所の提供などを行った。

御中道（おちゅうどう）／富士の五合目付近を一周する富士講の信仰の道。

オーバーハング（おーばーはんぐ）／山の斜面が垂直以上の角度で切り立っていて、岸壁の上方が下方よりも突き出ている部分。

か

攪乱（かくらん）／自然の状態が乱れ、生態系のバランスが崩れる現象。

火砕丘（かさいきゅう）／火山の爆発による噴出物が堆積してできた円錐形の丘。

火山岩（かざんがん）／火成岩の一種。地下のマグマが地表面近くで急激に冷えて固まったもの。安山岩・玄武岩・流紋岩など。

火山弾（かざんだん）／火山の噴出物の一種で直径64㎜以上のもの。火山岩塊ともいう。

火山灰（かざんばい）／火山の噴出物の一種で直径２㎜より小さいもの。

火山礫（かざんれき）／火山の噴出物の一種で直径２㎜～64㎜のもの。

火成岩（かせいがん）／地下のマグマ地上または地下で固まってできた岩石。火山岩と深成岩に分かれる。

火道（かどう）／地下のマグマが地表まで到達するための道。

軽石（かるいし）／火山から噴出した溶岩が冷えた際、ガスが噴き出して固まったもの。多孔質で水に浮くほど軽い。

涸れ沢（かれさわ）／雪解け時などを除き、水が流れない沢。

岩脈（がんみゃく）／マグマが岩石の割れ目に入って固まり、板状の火成岩になったもの。

カンラン石（かんらんせき）／鉄・マグネシウムを含む珪酸塩鉱物。玄武岩・斑レイ岩などに多く含まれる。黄緑色で「ペリドット」ともいう。

輝石（きせき）／カルシウム・鉄・マグネシウムなどを含む珪酸塩鉱物。暗褐色で、火成岩に含まれる。

木山（きやま）／富士山の信仰領域を高さで三区分した時、馬返しから五合目までの区域を指す言葉。

極相林（きょくそうりん）／植物群落が遷移した結果、安定的な状態になり、植物の種類に大きな変化がなくなった森林。

草山（くさやま）／富士山の信仰領域を高さで三区分した時、麓部分を指す言葉。

玄武岩（げんぶがん）／火山岩の一種。斜長石・輝石・カンランなどから成り、緻密なものは黒色、多孔質のものは灰色となる。富士山は10万年以上にわたり、玄武岩マグマを噴出し続けてきた。

高山帯（こうざんたい）／植物の垂直分布帯の一つ。本州中部地方の標高2500m以上、亜高山帯との境は森林限界に当たる。富士山ではフジタハザオやオンタデなどが見られるが、日本アルプスなどに比べると植物は少ない。

広葉樹（こうようじゅ）／広く平たい葉を持つ樹木。常緑樹と落葉樹に分かれる。対義語は「針葉樹」。

黒曜石（こくようせき）／流紋岩質の火山岩の一種。黒色で光沢があり、先史時代を通じて石器として使用された。

木花開耶姫命（このはなのさくやひめのみこと）／日本神話に登場する女神で、瓊瓊杵尊（ににぎのみこと）の妻。後世、富士山の神と見なされた。

古富士火山（こふじかざん）／現在の富士山の地下に存在する火山。小御岳火山が休止した後、約10万年前から活動を始めた。爆発的な噴火により大量の火山灰や溶岩が噴出されたため、山体は標高3000mに達した。

小御岳火山（こみたけかざん）／10万年以上前に活動を始めた火山。標高は約2400mで、現在の富士山のやや北側に位置した。吉田口の富士スバルライン五合目にはその山頂部があり、現在は小御嶽神社が鎮座している。

根粒菌（こんりゅうきん）／マメ科の根などに共生する土壌細菌。

さ

笹垢離（ささごり）／水の代わりに笹を使って垢離を行うこと。

山地帯（さんちたい）／植物の垂直分布帯の一つ。「低山帯」ともいう。本州中部地方では標高500～1500m。ミズナラ、カエデ、ブナなどの落葉広葉樹が広がる。

斜長石（しゃちょうせき）／ナトリウム・カルシウム・アルミニウムを含む珪酸塩鉱物。白色で多くの岩石に含まれる。

食行身禄（じきぎょうみろく）／江戸中期の富士信仰の指導者。実践道徳を主とする教えにより、庶民の間に富士講が広まるきっかけを作った。

修験道（しゅげんどう）／役小角を祖とする仏教の一派。山中で修行を行い、霊験を得ることを目的とする。

貞観大噴火（じょうがんだいふんか）／平安時代の貞観6年（864）6月中旬に起こった富士山の噴火。溶岩は「せの海」と呼ばれる湖に流れ込み、現在の精進湖と西湖が形成された。北西麓に広がる青木ヶ原樹海は、この時の噴火によって流れた溶岩の上に形成された。

常緑樹（じょうりょくじゅ）／落葉せず、1年通して緑色の葉を持つ樹木。対義語は「落葉樹」。

食害（しょくがい）／鳥や獣が植物を食い荒らすこと。

人工林（じんこうりん）／植樹などによってできた、人の手によって作られた森林。対義語は「天然林」。

深成岩（しんせいがん）／火成岩の一種。マグマが地下の深いところで冷えて固まったもの。花崗岩・閃緑岩・斑レイ岩など。

新富士火山（しんふじかざん）／約1万年前から活動を始めた火山。噴出された玄武岩マグマによって古富士火山と小御岳火山が覆われ、現在の富士山の姿になった。

神仏習合（しんぶつしゅうごう）／日本固有の神の信仰と、大陸から伝わった仏教が結びついた信仰形態。

針葉樹（しんようじゅ）／マツ・スギ・ヒノキなどに代表される、針状または鱗片状の葉を持つ樹木。対義語は「広葉樹」。常緑樹が多くを占めるが、カラマツは黄葉・落葉する。

森林限界（しんりんげんかい）／高山における森林生育の上限。本州中部では標高2400〜2600m付近に当たり、富士山の五合目付近に当たる。

垂直分布（すいちょくぶんぷ）／標高・水深に関連する生物の分布。富士山では頂上に近づくほど気温が下がるため、高さによって植生が帯状に変化する。

スコリア（すこりあ）／玄武岩質の黒っぽい色をした火山噴出物。岩滓（がんさい）とも呼ばれる。

雪渓（せっけい）／山の雪が夏になっても溶けずに残っている谷。

せの海（せのうみ）／富士山北麓に9世紀まで存在していた広大な湖。貞観大噴火の際、湖に流れ込んだ溶岩によって大半が埋まった。現在の精進湖・西湖は埋まらなかった部分の一部。

遷移（せんい）／群落を形成する植物の種が、時間の経過とともに変化していく現象。最終的に安定した状態を「極相」という。

先小御岳火山（せんこみたけかざん）／数十万年前に活動した、小御岳火山よりもさらに古い火山。

草本類（そうほんるい）／一般的に「草」と呼ばれる植物の総称。

側火口（そっかこう）／火山の中腹や裾野にできた小火山。

た

旅鳥（たびどり）／北に繁殖地、南に越冬地を持ち、春と秋の渡りの途中で日本に立ち寄る鳥。シギ、チドリなど。

地衣類（ちいるい）／樹木や岩石の表面などに生育する、菌類と藻類の共生体。

角研ぎ（つめとぎ）／鹿が樹木に角をこすりつける行為。

泥岩（でいがん）／泥が固結してできた岩石。堆積岩の一種。

天然林（てんねんりん）／植林によらず、自然に生長した森林。対義語は「人工林」。

登拝（とはい）／神仏を拝むために山に登ること。富士山は噴火が収まった平安後期以降、山岳修行のために行われ、江戸以降は富士講として庶民の間にも広まった。

トラバース（とらばーす）／山の斜面を横切って移動すること。

な

夏鳥（なつどり）／春から初夏に南からやってきて繁殖し、秋に再び南へ帰る渡り鳥。ツバメ、オオルリなど。

女人禁制（にょにんきんせい）／寺院や霊場に女性が立ち入るのを禁止すること。富士山も江戸時代以前は女人禁制だったが、明治5年（1872）に正式に解かれた。

ぬた場（ぬたば）／鹿や猪などの野生動物が、体に付いた寄生虫や汚れを落とすために泥を浴びる場所。

は

パイオニア植物（ぱいおにあしょくぶつ）／植物がない状態の裸地に最初に侵入する植物の総称。先駆植物とも。

廃仏毀釈（はいぶつきしゃく）／明治初頭に起こった仏教排斥運動。慶応4年（1868）に神仏分離令が出されたのをきっかけに、各地で仏堂や仏像などの破壊が行われた。

長谷川角行（はせがわかくぎょう）／江戸時代前期の宗教家で、富士講の開祖。富士山麓の人穴などで苦行を行い、法力を経て庶民を救済したと伝わる。

斑レイ岩（はんれいがん）／深成岩の一種。灰緑色または黒色で、主に長石や輝石から成る。

氷筍（ひょうじゅん）／洞窟の天井から滴り落ちた水が凍り、タケノコような形状で固まったもの。

漂鳥（ひょうちょう）／季節によって小規模の移動を行う鳥のこと。夏は山地に住み、冬は人里に移るルリビタキが代表的。

ピークハント（ぴーくはんと）／山頂を目指して登ること。

ピンクテープ（ぴんくてーぷ）／登山者が道に迷わないよう、樹木に巻き付けられた目印。

風倒木（ふうとうぼく）／風によって倒された樹木。新たな植物の生育を助けることから「ナースログ」ともいわれる。

富士講（ふじこう）／江戸時代に広まった民間信仰。信徒は白衣姿で鈴を鳴らしながら富士登山を行った。

冬鳥（ふゆどり）／秋に北からやってきて越冬し、春に再び北へ帰る渡り鳥。ガン、カモなど。

宝永山（ほうえいざん）／富士山南東部の中腹にある側火山。宝永大噴火の際に形成された。

宝永大噴火（ほうえいだいふんか）／江戸時代中期の宝永4年（1707）11月23日に起こった富士山の噴火。12月9日未明まで続き、大量の火山弾・火山灰を噴出した。

ま

マグマ（まぐま）／地下に生じる溶融した造山物質。地上に出ると火山ガスや溶岩流などになり、冷却・固結したものを火成岩という。

マグマだまり（まぐまだまり）／地下のマグマがたまっている部分。火山の噴火はここから上昇したマグマが地表に噴き出すことで起こる。多くの火山は地下数kmにあるが、富士山は地下約20kmと深い場所にある。

末代上人（まつだいしょうにん）／平安時代の僧。富士山に数百回登り、山頂に大日堂を建立したと伝わる。

マント群落（まんとぐんらく）／森林の周囲に発達するツル植物や低木の群落。紫外線から森林内部を守る役割がある。

水垢離（みずごり）／神仏に祈願するために、冷水を浴びて体の汚れを清めること。

村山古道（むらやまこどう）／富士山で最も古いとされる修験の道。山麓にある村山浅間神社から富士宮口六合目まで続く。

迷鳥（めいちょう）／台風などの影響で、普段は渡来しない地に迷い込んでしまう鳥。

や

焼山（やけやま）／富士山の信仰領域を高さで三区分した時、五合目から上の区域を指す言葉。

雪代（ゆきしろ）／春先に雪が融けることで起こる雪崩。

山小屋（やまごや）／登山者が休憩・宿泊するために建てられた施設。

溶岩洞（ようがんどう）／地表に流出した溶岩の外部が急激に冷えて固まった後、未凝固の内部の溶岩が流れ去ったことで生じる洞穴。

陽樹（ようじゅ）／日光が十分に当たる場所でよく繁殖する樹木。

遥拝（ようはい）／遠い場所から拝むこと。富士山の噴火が活発だった平安時代初期は、麓から山頂を拝む信仰形態が主流だった。

ら

落葉樹（らくようじゅ）／秋に紅葉・黄葉して葉を落とし、翌年の春・夏に新葉をつける樹木のこと。対義語は「常緑樹」。

留鳥（りゅうちょう）／季節が変わっても移動せず、1年通して一定の地域に暮らす鳥。

林道（りんどう）／森林の管理や木材を運搬するために造られた道路。

ロスト（ろすと）／道を見失うこと。

わ

渡り鳥（わたりどり）／繁殖地と越冬地が異なり、毎年決まった季節に移動を行う鳥。

あとがき

「始めたらやめない！」

これは私の恩師であり、ホールアース自然学校の元代表・広瀬敏通氏の言葉である。自らが目的と意思を持って始めたことなら、最後までやり抜け――。まさに日本エコツーリズムの先駆者である氏らしい言葉だと、私は思う。

正直に話すと、この「富士下山」がこうして一冊の書籍となって世の中に残るということは、私が本事業を立ち上げた2005年には当然ながら思いもしなかった。名刺を差し出し「富士下山」について説明すると「えっ、下山ですか???」と苦笑されたことも何度もあった。

最初にこの事業を「おもしろい!」と言ってくださったのはアウトドアレジャープラットホームの先駆け「アウトドアレジャーそとあそび（現アソビュー株式会社）」創業者だった山本貴義氏だった。「だって、おもしろいもん!」という一言で、今までの苦虫を嚙むような思いは全て忘却の彼方となった。山本氏の運営するプラットホームへの掲載を足掛かりにテレビや新聞、雑誌やインターネット記事などの取材がみるみる増え、本日こうして出版の日を迎えることができたことはまさに感無量である。

また、本書を出版するにあたって、ともに山野を歩き、話を聞いてくださった静岡新聞社出版部の鈴木淳博氏、素晴らしい写真を撮影してくださった小澤義人氏、野鳥の写真を提供してくださった佐野明美氏、渡邊義正氏、関わってくださった皆様にこの場を借りて心より感謝を申し上げたい。

冒頭でも記した通り、富士下山はトレッキングという手法を使った環境保全活動であると私は位置づけている。富士下山を通して、自然に親しみ、自然を理解し、自然のために行動できる人を育むことこそが富士下山の目的である。本書が山・自然を、楽しむだけの対象ではなく、叡智の源泉として敬い、畏敬の念をもって接する手助けになることができれば幸いであるし、正しい富士下山という活動にはこうした効果が少なからずあるものと信じている。

昨今は「リニアと水の問題」「富士山鉄道の問題」など人間と自然の知恵比べのような問題が何かと世間を賑わせている。科学技術の進歩は人間生活を便利にしてくれるが、その陰で傷ついてきた自然がどれだけあっただろうか。便利と不便を天秤にかけて議題にすることは至って合理的だ。一方で、便利と自然を天秤にかけるような議論は常に平行線をたどる。だが、人間の叡智の源は常に自然の中にあり、それらを享受することでしか叡智に触れることはできないのだと私は考えている。自然から得た人間の叡智が、未来の地球のために活用されることに期待したい。

その上で、私たちができることは何であろうか？

私は科学者ではないが、自然の中での仕事を生業とするからには、自然科学を学ぶことは重要だと考えている。なぜなら、基礎科学が導き出す答えはいつも真理であり、正確なインタープリテーション（自然解説活動）を構築するためには欠かすことができないからだ。そしてもう一つ、とても大切なのは愛情である。人を人たらしめているものは感情であり、感情を揺さぶられることで愛情が醸成される。この感情を揺さぶる瞬間には、科学と情緒をつなぐ人の存在が必要不可欠である。私たち自然ガイドが果たす役割は登山道の案内ではなく、人と自然をつなぐことにあると信じている。これからも「富士下山」を通して、参加者の「自然を愛するという感情」を醸成していきたい。

岩崎 仁

富士下山家。山梨県出身、静岡県在住。（財）日本野鳥の会、ホールアース自然学校、環境省田貫湖ふれあい自然塾を経て、2005年に「roots&fruits NATURE TOURS」を設立。2015年から「富士山ネイチャーツアーズ」代表として、登るだけではない富士山の魅力を発信している。「富士山の知られざる魅力に出会う自然旅行へ」をテーマにさまざまなエコツアーを展開中。第4回ジャパン・ツーリズム・アワード『国連世界観光機関倫理特別賞』など多数受賞。https://roots-fruits.jp

富士下山ガイド

2024年7月30日　初版発行

著者　岩崎 仁
写真　小澤義人（コース1・4・8・13・17）、岩崎 仁、佐野明美・渡邊義正（P54・55）
地図　河合理佳
発行者　大須賀紳晃
発売所　静岡新聞社
〒422-8033　静岡市駿河区登呂3丁目1番1号
TEL　054-284-1666

装丁・デザイン・イラスト　塚田雄太
印刷・製本　三松堂株式会社

ISBN978-4-7838-2641-5 C0026